汲古選書 35

明代長城の群像

川越泰博 著

序語

三船敏郎や久我美子等、戦後の日本映画史に燦然と輝く著名な俳優・女優を多く輩出した東宝の第一期ニューフェイスには、約四〇〇〇人の応募者があった。課題セリフは、「私はバカだった。本当にバカだった。バカだった」であった。筆記試験では、「毛沢東」、「ペニシリン」等が出た。当時、女子学習院中等科三年生であった久我美子は、「毛沢東」の説明が書けなかった。

戦後しばらく経っての国会質問で、「毛沢東」のことを「けざわ　ひがし」さんと呼んだ代議士がいた。「けたくとう」と読むものだと思い込んでいた学生もいた。毛沢東の知名度は、そんな程度であった。だがいまや、八月十五日が何の記念日であるのかさえも知らないような若者ならばいざしらず、毛沢東の名を知らないものは、よほどの無教養な人であろう。

人は中国と問われたら、一体何を連想するのであろうか。人か物か、それは人によって様々であろうが、もし統計を取ってみるという酔狂なことをやってみれば、古代の人であるならば秦の始皇帝、現代史の人では毛沢東、物では万里の長城、これらは、おそらく上位を占めるであろう。

万里の長城にかかわる著書を書きたいと発願してから、しばしの歳月を経た。明代中国史の研究に従事し、万里の長城を挟んでの中国・モンゴル関係についていくつかの論文を書くうちに、構想が膨らんでいったからである。作詞家加藤まさをは、幾夏かを房総半島の御宿で過ごし、付近の浜辺を逍遙して、詩の着想を得て、「月の沙漠をはるばると／旅の駱駝がゆきました／金と銀の鞍置いて／二つならんでゆきました」に始まる、あたかもシルクロードの荒涼とした砂漠をイメージするかのような『月の沙漠』をものした。大正十二年（一九二三）のことである。筆者は、この作詞家の万分の一の想像力も構想力も持ち合わせてはいないけれども、それでも様々な史料を読むと、様々な構想・想像が湧くものである。

それが、発願の切っ掛けであるが、しかし長城そのものの建築・土木史的研究は、適任ではないし、もとより意図するところではなかった。筆者が抱く長城への関心は、国境や境界として存在する長城ではなく、むしろその対極にある。

明代二十四辺関という用語がある。

辺関は関所であると同時に、軍事施設であるが、空間的には長城の隙間でもある。その隙間を通して、内と外が連結する。連結することによって、内と外の相互交通の場が開かれ、広がる。

筆者は、長城を、内と外とを、つまり中国とモンゴルを隔てる分水嶺としてではなく、逆に内と外とを繋ぐアリーナ（舞台）であり、交渉・交流を生み出す接壌地帯としてとらえるのである。そうすれば、様々な交流史の実像を、具体的には異民族間あるいは多地域間の接触・交流における共生（例：通訳・取引商人）と相克（例：文化摩擦・戦争）といった視点から描写し、異民族・異文化の交流・融合・摩擦の様相を解明することが出来るのではないかと考えるのである。

本書では、その具体的な様相の剔出、歴史的展開過程についての分析の一端として、第一部においては、

「諜報・情報活動の担い手たち」と題して、明側の間諜、あるいはモンゴル側の間諜として、それぞれに諜報・情報活動に関わった人々を検討した論稿を収録し、第二部では、「長城を往来する人々」と題して、土木の変という大事件によって生じた谷間の深くうつろな谽谺《かんか》の中で、互いに長城を往来しつつも、人生の明暗を分けた太監喜寧と錦衣衛校尉袁彬、それに毎年長城を往来して、朝貢にやって来たオイラート使臣団が起こす様々な問題を検討した論稿を収録した。

ここで取り上げたスパイ、裏切り者、武骨な忠義者、しばしば騒擾を起こした使臣団といった人々は、これまで全く研究の対象となってこなかったが、新たに光を当てることによって、これらも、国家間関係史研究における一つの鉱脈になるのではないかと期待するものである。本書は、万里の長城にカメラの三脚を据えて、名も無き人々を定点観測した、その分析記録のごときものであり、また筆者が、かれらに贈る誄詞《るいし》のごときものでもある。

本書が、新たな分野を開拓する試みの出発点になれば、幸いこれにすぐるものはない。

明代長城の群像／目次

序　語　1

第一部　諜報・情報活動の担い手たち

第一章　明の間諜「夜不収」　11
はじめに　11
一「夜不収」の諸活動　16
二「夜不収」と衛所との関係　27
三「夜不収」と異国情報　39
むすび　43

第二章　モンゴルの諜者と奸細　49
はじめに　49
一　諜者それぞれ　51
二　奸細なるもの　87
（1）奸細と姦細と　87

（2）姓名の判明するモンゴル奸細……90
（3）奸細の処罰と擒獲者に対する褒賞……107
三　諜者・奸細の行動と言説……111
（1）諜者・奸細の行動……111
（2）諜者・奸細の言説……118
むすび……121

第二部　長城を往来する人々

第三章　太監喜寧……131
はじめに……131
一　太監喜寧の反明的言動……134
二　太監喜寧の擒獲……143
三　太監喜寧の素性……153
四　太監喜寧擒獲の真相……156
むすび……165
第四章　錦衣衛校尉袁彬……169
はじめに……169

一　袁彬の原籍と父母……171
二　英宗復辟と袁彬……172
三　英宗の恩寵と袁彬……176
むすび……180
第五章　瓦剌使臣団がやって来る……186
はじめに……186
一　使臣団の規模とその膨張……189
二　使臣団の大同・京師往還……204
むすび……228
後　記……237
初出一覧……241

第一部　諜報・情報活動の担い手たち

第一章　明の間諜「夜不収」

はじめに

人類の歴史上、情報活動は、極めて古い時代から始まっている。情報活動に関する人類最初の詳細な記録が文書に出現するのは、『旧約聖書』においてであるといわれている。(1) 即ち、民数記第十三章がそれである。紀元前一四九〇年、奴隷生活をかなぐりすてて、エジプトの地を脱出したイスラエルの民たちは、モーセに率いられて四〇年間シナイ半島で流浪生活を送ったのち、現在のヨルダン川西岸のパレスチナを安住の地として求め、そのカナンをはるかな眼下に望む山に到達する。モーセは唯一の神なる主の命に従って、ヌンの子ヨシュアを隊長とし、十二の部族の族長たちによって編成させた密偵団を派遣することにする。密偵といっても、名もなき情報収集者ではなくて、進むも退くも、部族の運命を双肩に背負った指揮者たちによる、将校偵察隊なのである。モーセは、出発にあたって、偵察隊の面々に、ネゲブ（ヘブロン南方の乾燥地帯）へ行って高台に登り、つぎのように探索をせよという調査要領をさずける。

その地の様子を見、
そこに住む民は強いか弱いか、少ないか多いか、
また彼らの住んでいる地は良いか悪いか、人々の住んでいる町々は、天幕か城壁のある町か、
その地は肥えているか痩せているか、そこに木があるかないかを見なさい。
あなたがたは勇んで行って、その地のくだものを取ってきなさい。

これらの調査要領は、時と所とを超越して、ひとしくスパイ（間諜）に与えられた基本的な任務ということができる。[2]

中国において、情報活動の重要性に着目して、兵法の極意を、武力に頼らないスパイ戦に理想を置いたのは、孫子である。『孫子』謀攻篇に、

孫子曰く、凡そ兵を用ふるの法、国を全うするを上と為し、国を破るは之に次ぐ。軍を全うするを上と為し、軍を破るは之に次ぐ。城を全うするを上と為し、城を破るは之に次ぐ。旅《りょ》を全うするを上と為し、旅を破るは之に次ぐ。卒を全うするを上と為し、卒を破るは之に次ぐ。伍を全うするを上と為し、伍を破るは之に次ぐ。是の故に百戦百勝は、善の善なる者に非ざるなり。戦はずして人の兵を屈するは、善の善なる者なり。故に上兵は謀を伐つ。其の次は交を伐つ。其の次は兵を伐つ。其の下は城を攻む。[3]

とある。この文章を載せる謀攻篇は、兵をもって敵を攻めるのではなく、計謀をもって敵を攻める方法を最上とするという意味で、謀攻を篇名としたのであった。そこで、およそ戦争する場合には、敵国、敵軍

の情勢を知悉していなければならないことを述べたつぎの文言が続く。

故に曰く、彼を知り己を知れば、百戦して殆《あやふ》からず。彼を知らずして己を知れば、一勝一負す。彼を知らず己を知らざれば、戦ふ毎に必ず殆し。(4)

このように、情報活動を重要視する『孫子』では、その用間篇において、間諜の使い方、すなわち諜報活動について説明し、

故に明君賢将の動いて人に勝ち、成功衆に出づる所以の者は、先知なり。先知は、鬼神に取る可からず、事に象る可からず、度に験す可からず、必ず人に取りて、敵の情を知るなり。(5)

と述べ、世のいわゆる明君・賢将が、戦えば勝ち、衆にすぐれた成功を治めるところのものは、先先のことをよく読んでいて、まことに先見の明があるからである。この先見の明は、鬼神から教えて貰えるわけではなく、また過去の事象や経験等から割り出して判断できるものでもなく、更にまた星宿や天文等から計算して判断されるものでもない。必ずや人によって、敵の情況を知ることができるのである、としている。ここに見える「必ず人に取り」の人とは、間諜のことであり、先知の要諦は何よりも諜報活動にあるというのである。

それでは、どのような間諜を使うかと言えば、

(間に)五有り。因間有り、内間有り、反間有り、死間有り、生間有り。五間倶に起りて、其の道を知る莫し。是を神紀《しんき》と謂ふ。人君の宝なり。因間とは、其の郷人に因りて之を用ふ。内間とは、其の官人に因りて之を用ふ。反間とは、其の敵間に因りて之を用ふ。死間とは、誑《いつは》りの事を外に為し、吾

が間をして之を知らしめて、敵に伝ふるの間なり。生間とは、反《かへ》りて報ずるなり。(6)

とあって、五間、すなわち五種類の諜者があるという。因間は、敵国人で相手方の村落に潜む諜者。内間は、敵国内部の官人から内通してくる諜者。反間は、もと敵方の間諜であって寝返った二重スパイの諜者。死間は、偽りの情報を本当らしく相手方に伝播させる諜者で、捕虜にさせたり裏切らせたりして、敵中で殺されるような運命におかれるから死間という。生間とは、敵方に潜入し、情報をつかんで帰投し報告する諜者。

以上のように、紀元前五世紀ころの中国最古の兵法書においてすでに、あらゆるタイプの諜者を、五つに絞って提示しているのである。

かかる孫子の兵法が、後世に及ぼした影響が甚大なものであったことは、いまさら贅語を要しない。しかしながら、戦争・戦略上重要な位置をしめる間諜（諜者）の、各時代における諸相については、殆ど解明されていないと言っても過言ではないであろう。古代・中世の諸王朝に比ぶれば、俄然豊富な史料を有するようになる明代史においても、その点は同様である。周知のように、「北虜南倭」という言葉に端的に象徴されるように、明王朝は、モンゴルや倭寇の勢力に悩まされた。そのような外圧に対抗し、防衛政策・外交政策を立案・実行するための情報の収集や諜報活動に、間諜が大量に投入されたことは想像するに難くない。しかしながら、その秘密性が隘路になっているのか、対外的な情報・諜報活動に従事した間諜の具体的な活動状況や存在形態について知り得る纏まった史料の存在は、従来知られていない。時折、諸書に散見するだけである。したがって、研究史的に見ても、明代における間諜の種類・名称・活動内容等について考究した専論は、未だ付印されていないように見受けられる。とはいうものの、明代中国の北辺において活動した間諜の一種である「夜不収」については、言及する先学があり、これを「モノミ」や「偵察兵」と解釈されている。なるほど、中国四大奇書の一つである『西遊記』巻七十、「妖魔宝烟沙火を放つこと、悟空の計紫金鈴を盗むこと」に、

国王道、『寡人曾差「夜不収」軍馬到那裏探聴消息、往来要行五十余日。坐落南方、約有三千里。(7)』

とある箇所は、

(1)国王、

「わたくしが、かつて偵察の軍馬をやって様子を探らせましたところ、往復に五十余日を費やしました。場所は南の方へおよそ三千里あまりと心得ます」。

(2)国王、

「朕は以前、偵察隊の軍馬をそこまでつかわし様子をさぐらせたことがあるが、往復に五十日はたっぷりかかった。ここから南へ、およそ三千里以上はあろうの(8)」。

と訳されて、「夜不収」については「偵察」という用語に言い換えられていることで知られているように、斥候活動も、「夜不収」の機能として含まれていることは確かであろう。しかしながら、「夜不収」の機能・役割は、原始的な物見である斥候活動だけに限定されるものではない。「夜不収」は、その機能を諜報や謀略にまで拡大して活動したのであった。そのような多面的な活動を行うことの故に、明代中国の北辺においての「夜不収」が投入されることの戦略上の意味があったのである。

明代中期の人である葉盛の『水東日記』巻三十一、緝事軍に、

軍中の、賊中の動静・消息を探聴し、及び専ら急幹・使令に備えるの人は、宋時西辺の所謂急脚、急歩の者の如し。今、湖湘は之を健歩と謂い、西北二辺は夜不収と称す。惟、広中は則ち緝事軍と称せり。

とあるように、明代においては、諜報活動等の特殊任務についたものの名称が多々あった中で、特に西北辺で活動したもののことを、「夜不収」と呼称した。その故に、「夜不収」の活動を伝える史料は、北辺に集中しているわけである。

そこで、本章では、この「夜不収」に注目して、主として土木の変前後の史料を補綴しつつ、その機能や存在形態の一斑について考察した。

一　「夜不収」の諸活動

「夜不収」に対して「モノミ」という解釈を示されたのは、和田清氏である。氏は、楊銘の『正統臨戎録』にみえる、

〔史料１〕

六月内、也先哨馬于分嶺墩、捉獲夜不収李貴、到于金山也先処（傍線・括弧内補足―引用者付、以下同じ）。

という記事の中の「夜不収李貴」に対して、「モノミ」とルビを振られておられるのである。[9] また、趙毅・

羅冬陽両氏は、『英宗実録』正統十四年(一四四九)八月己巳(二十二日)の条に、

〔史料2〕

上命袁彬入大同城、取賞賚物、得武進伯朱冕・西寧侯宋瑛・内官郭敬家貲及三人蟒龍衣、并指揮・千・百戸所共出衣服・綵段以賜也先等、又置酒以労其衆。上召郭登諭固守城池、人来有所伝報、必察誠偽、慎勿軽信。是夕虜奉上、駐蹕于城西二十里。郭登遣人告袁彬、欲使夜不収五人入虜営、奉上往石仏寺、乗間入城。彬以聞。上曰、我命在天、今若為此万一不虞、乃自取也。不従。

とある「夜不収」に対して、「偵察兵」と注記されているのである。[10]

この二つの史料は、いずれも英宗の蒙塵期、つまり捕囚の人としてモンゴルに滞在していた時のものである。周知のように、正統十四年(一四四九)秋七月、エセン(也先)の率いるオイラート(瓦剌)モンゴル軍(以下、モンゴル軍と略称)が四路に分かれて明に侵寇してきた。この時は、モンゴル軍は、中国に深く攻め入るには十分な準備がなく、四路の侵寇軍はみな沿辺を一通り蹂躙すると、一旦は引き上げたのであった。ところが、大同が侵犯されたことを聞くと、英宗は七月十六日、諸臣の諫止をふりきって親征し、八月一日、大同に至った。よく知られているように、このモンゴル軍迎撃のための征討軍の組成は、宦官王振の立案によったものであるが、しかし、実戦の経験のない英宗も王振も、前線のあまりに凄惨なありさまをみると、にわかにおじけづいてしまい、急遽北京に引き返すことにした。いつ背後を衝かれるかもしれない恐怖と疲労に加えて、暑気のさなかを、あえぎあえぎ土木堡まで来たところを、モンゴル軍の先鋒伯顔帖木兒に発見され、親征軍は、かれから急報をうけたエセンの鉄騎に急襲包囲され、全軍覆滅の悲

運に見舞われたのである。かくして、大明皇帝たる英宗は、屈辱にもモンゴル軍の捕虜となってしまったのであった。かかる土木堡における明軍覆滅の知らせがもたらされると、北京の朝廷は大衝撃をうけ、朝野あげての大混乱に陥り、明軍精鋭の土木堡での全滅によって、防備の手薄になった国都北京を捨てて、南京へ遷都しようとする主張が、徐有貞のような廷臣の一部から起きたほどであった。

以上に簡単に述べた事件を、「土木の変」というのであるが、これは明代におけるモンゴルの侵入という点においては、アルタン・ハーンの時の庚戌の変（嘉靖二十九年〔一五五〇〕）と、中国歴史上皇帝が異民族の捕虜となったという点においては、宋代における靖康の変（靖康元年〔一一二六〕）と併称されるべき大事件であったといえよう。

〔史料1〕は、景泰元年（一四五〇）六月の記事であるが、これを載せる『正統臨戎録』（以下、臨戎録と略称）は、通事の楊銘が、弘治四年（一四九一）三月に著したものである。楊銘は、正統十四年（一四四九）二月に、指揮使呉良に従って、父の楊只とともにエセンのもとに行った。ところが、この年の七月、土木の変を惹起することになるエセン等モンゴル勢の対明侵寇が始まると、楊銘等は、モンゴルにおいて、囚われの身になってしまった。しかしながら、変後の八月二十七日にエセンの命令によって、その束縛が解かれ、英宗に朝見することができた。以後、楊銘は、袁彬等とともに英宗に扈従し、英宗の回鑾にともなって、翌年八月十五日に京師に帰着した。臨戎録は、その一年間の出来事を記したもので、同じく英宗に近侍した袁彬の題本(11)と並んで同時代史料としての価値の高い書なのであるけれども、「夜不収」に関しては、〔史料1〕にみえるだけの内容でしかないので、和田氏が、これを「モノミ」と見なされたのも致し方ないことであろう。だがしかし、趙毅・羅冬陽両氏が、〔史料2〕の「夜不収」について、単に「偵察兵」と注記されたのには、〔史料2〕の内容からみて、にわかには首肯できない。というのは、この〔史料2〕には、「夜不収」の機能・活動を知る上で重要な手掛かりがあるからである。まず、〔史料2〕の「夜不収」に関係ある部分の内容を見てみよう。大意は、つぎの通りである。

この夕、モンゴル人は、お上を奉じて、城西二十余里のところに駐蹕した。郭登は人を遣わして袁彬に、夜不収五人をして虜営に入らしめ、お上を奉じて石仏寺に往き、すきに乗じて大同城に入らせたいと告げさせた。袁彬はそれをお上に申し上げた。お上は、「我が生死は天命にある。今もしこれをなし、万一のことがあれば、死を自分で選ぶようなものだ」と言われた。その計に同意されなかった。

さて、郭登（大同副総兵のち総兵官）が袁彬のもとに人を遣わしてきて、「夜不収」五人を使って虜庭に行かしめ、英宗を石仏寺に奉じて行き、すきを見て大同城に駆け込むという計略を告げた。だがしかし、かような大胆な、しかも危険性の甚だ大きい救出作戦には、英宗が万が一のことを慮って同意せず、実行に移されなかったという。これは、全く謀略工作そのものであるといえよう。完全に「偵察兵」の範囲を逸脱しており、〔史料2〕の内容からは、「夜不収」に「偵察兵」と注記することは出来ないのである。その〔史料2〕が依拠したのは、袁彬題本、同年八月二十二日の条にみえる、つぎの記事である。

〔史料3〕

晩になり、大同城を西に離れること二十里の所に駐蹕した。夜不収の楊総旗が来て臣（袁彬）に、「今夜、五人の夜不収が来て密かに爺爺（英宗）に石仏寺に入っていただくことを願っています。人気がなければ、すきをみて城に入りましょう」と言った。臣はお上にそれをつぶさに申し上げた。お上は、「このような危うい事をしてはいけない。先に土木でも死ななかった。我の生死は天命にあり、若し万一不虞のことがあれば、どうするか」と言われた。遂にその計は用いられなかった。[12]

英宗を巻き込んだ危険な作戦を袁彬に告げてきたのは、『英宗実録』では、郭登になっていたが、袁彬の題本では、「夜不収」の楊総旗とされている点では一致していないけれども、多くの点で一致する。それは、『英宗実録』が袁彬題本に大幅に依拠していることから言えば、当然の事とはいえるが、その纂修者たちが本記事を採録したのは、この不穏の動きの存在を是認したことを意味する。

「夜不収」を使っての大胆な、この謀略工作がなされようとしたのは、八月二十二日のことであったが、この謀略工作は、モンゴル側に深刻な波紋を与えた。土木の変からわずか一週間しか経ていない八月二十三日、つまり謀略作戦の翌日に、エセン等の間では、英宗返還のことが協議されているのである。[13]それは、英宗を抱え込んだモンゴル側が、英宗の保護と監視のための変則的な危機管理の必要に気づいたことを意味している。ともかく、英宗周辺の人々は、隙があれば、エセン管理下から英宗を脱出させようという作戦を敢行しようとさえしたのである。それは、失敗を恐れた英宗の容れるところとならず、作戦中止となったが、英宗の脱回作戦は、奇貨と思っていた英宗が実に厄介なお荷物であることを、エセン等モンゴルの首脳に気づかせる結果を招いたのであった。

さて、〔史料2〕・〔史料3〕に見えるような、英宗を奪回しようとする作戦は、極めてリスクの大きいものであった。英宗は、実際失敗を危惧して同意しなかったのである。とはいえ、それを発案した方も、失敗すれば、如何なる処罰を受けるか、当然に覚悟をしてのことであったであろう。とすれば、確率からみて成功の可能性全くなしという危険な賭けではなく、或る程度成功の見込みを確信してのことであったに違いないのである。言い換えれば、かかる謀略工作に「夜不収」を投入しようとしたことは、「夜不収」が、このような手段を選ばない謀略工作をも手掛けることができる存在であったことを意味するのである。

このように単純な情報活動の範囲を逸脱し、様々な術策を弄する「夜不収」の活動については、他にも実例がある。以下、『英宗実録』から拾い出すと、つぎの通りである。

〔史料4〕正統十四年（一四四九）十月壬戌（十五日）の条

尚宝司丞夏瑄奏すらく、宜しく夜不収及び敢勇の死士を選び、長刀・巨斧并びに砲数百を持ち、四面より虜営を夜襲し、彼覚れば則ち砲を挙げて以って之を驚かし、其れをして毎夜休息を得ざらしめ、覚らざれば則ち四面の兵倶に進みて奮撃し、仍お兵を来たる所の路両傍に伏せ、以て其の追うを防ぐべし。（中略）総兵官に命じて采択し、行わしむ。

〔史料5〕同年十一月壬寅（二十六日）の条

山西山陰守禦千戸所千戸周瑄等奏すらく、達賊三千余騎、北行して代州に至る。時に各々の関口は既に塞ぎ、天寒く雪深し。虜騎出ずるを得ず。因りて繁峙の諸県を剽掠す。臣潜かに夜不収を遣わし、夜に乗じて其の営を斫《う》ち、七人を殺す。賊遂に乱れ、其の馬匹・器械を獲たり、と。疏入るや、都指揮同知翁信に命じて、京軍を率い、都督僉事孫安・都指揮僉事張鵬等と会して、力を協せて捜勦せしむ。其の夜不収五人は各々一級を陞す。

〔史料6〕同年十二月辛未（二十五日）の条

総督軍務少保兼兵部尚書于謙等奏すらく、近ごろ聞く、脱脱不花王・阿剌知院の人馬は、倶に開平迤南の環州威虜敏安赤城八都西涼亭等処に在りて屯駐す、と。辺を去ること遠からず。其の因りて以て入寇するを恐る。夜不収二百人を精選し、潜かに彼の処に往きて、各々短兵・火器を持ち、夜に乗じて営を劫して勦殺し、賊をして我が辺境に備え有るを知り、自然に風を望んで奔遁せしめんことを欲す、と。之に従う。

〔史料7〕景泰元年（一四五〇）二月癸未（八日）の条

参賛軍務右副都御史羅通奏すらく、近ごろ聞く、達賊は宣府近辺の龍門・独石等処に在りて下営し、食を我が倉粮に就く、と。宜しく総兵官都督朱謙并びに参将紀広・都指揮楊信等に勅して計議せしめ、或いは勇敢の士を募り、以て龍門等処に往きて守護し、或いは夜不収を遣わして、潜かに往きて賊営を焼劫すべし。仍お聖旨もて沿辺に榜文し衆に諭さんことを請う。（中略）。詔して即《ただ》ちに之を行わしむ。

以上、〔史料4〕～〔史料7〕の四事例を挙げた。これらは、いずれも土木の変以後、英宗の回鑾をめぐって明・モンゴル間に緊張関係が存在していた時の事例である。

〔史料4〕によると、尚宝司丞の夏瑄が、「夜不収」と敢勇の死士とを使って長刀・巨斧并びに砲数百を持たせ、四面より虜営を夜襲することを提案し、裁可されている。〔史料5〕では、山西山陰守禦千戸所千戸の周瑄等が、潜かに「夜不収」を遣わし、夜に乗じて虜営を襲い、モンゴル軍七人を殺し、その馬匹・

器械を捕獲するという成果を挙げている。〔史料6〕では、総督軍務少保兼兵部尚書の于謙等が、「夜不収」二百人を精選し、潜かにモンゴル軍の駐屯地、即ち開平迤南の環州威虜敏安赤城八都西涼亭等処に往きて、各々短兵・火器を持って、夜陰に乗じて営を劫して勦殺せんことを上奏し、景泰帝の裁可を得ている。〔史料7〕によると、参賛軍務右副都御史羅通は、モンゴル軍が屯駐している宣府近辺の龍門・独石等処に、「夜不収」を潜かに遣わして、その営を焼劫せんことを上奏して、ただちにこの作戦を行えとの裁可を得ている。

上記のそれぞれの作戦に投入された「夜不収」の人数は、五人ぐらいの小人数によるもの〔史料5〕から、二百人規模のもの〔史料6〕まで、作戦の目的によって異なっていたようであるが、いずれの場合においても、

〔史料4〕「四面より虜営を夜襲し」
〔史料5〕「夜に乗じて其の営を斫ち」
〔史料6〕「夜に乗じて営を劫して勦殺し」
〔史料7〕「潜かに往きて賊営を焼劫すべし」

とあるように、特に夜陰に乗じての、かつ隠密的な作戦行動であった。これらは、謀略工作（ディセプション）であると同時に、敵陣の攪乱・破壊等を意図した破壊活動（サボタージュ）でもあったといえるであろう。

「夜不収」とは、以上のように、謀略工作のみならず、敵陣の攪乱・破壊等の多様な作戦をも主要任務

としたことが知られる。もちろん、敵軍の所在・勢力・布陣等を偵察する「モノミ」「偵察兵」の任務も、甚だ重要であった。それが、自軍展開のための作戦立案に重要不可欠の情報を齎すものであったからである。やはり、土木の変後の、明・モンゴル間緊張期の史料であるが、つぎのように、「モノミ」「偵察兵」ともいうべき情報収集活動に従事する「夜不収」の史料を挙げることができる。

まず、『英宗実録』の事例を挙げよう。同書、景泰二年（一四五一）五月甲辰（七日）の条に、

〔史料8〕

宣府の夜不収に布を賜う。人ごとに一疋なり。時に都督紀広奏すらく、夜不収二百八十名、倶に四遠にて聲息を偵探し、長年艱苦し、休息するを得ず。宜しく量りて其の労に酬いるべし、と。故に是の命有り。

とあり、同年八月丁卯（二日）の条に、

〔史料9〕

大同提督軍務副都御史年富等に勅して曰く、このごろ夜不収の軍人の報に拠るに、哨して菱角海子南山に至るや、達賊人馬の有るを見る。

とあり、同四年五月甲子（八日）の条に、

〔史料10〕

提督宣府軍務右僉都御史李秉奏すらく、辺墩の軍士及び夜不収、昼夜瞭哨す。冬布を賞賜し、人ごとに四匹を得しむれば宜し、と。

とある。〔史料8〕に見える、「偵探聲息」の聲息とは、聲気と同語で消息を意味する。

また、「夜不収」に関する記事は、土木の変後、明廷において景泰帝—于謙のラインを形成し、明朝の舵取りに重要な役割を果たした兵部尚書于謙の文集『忠粛集』所収の上奏文の中にも散見する。例えば、『忠粛集』巻七、「兵部建言の事の為にす」に、

〔史料11〕

又奏すらく、宣府・大同は各々宜しく重兵を屯練し、驍勇剛断の者を選びて総兵総督の官に充《あ》つべし。夜不収を遣わし彼の情を探聴し、其の不意に出でて、其の不備を掩《おそ》えば、則ち敵擒すべし、と。

とあり、巻十、「兵部辺務の事の為にす」に、

〔史料12〕

本部奏すらく、或は二人、或は五人十人を差わして、分投出境せしめ、兼ねて彼の処の夜不収と同《とも》に聲息を哨探し回報せしめん、と。

とあるのは、〔史料8〕〜〔史料10〕の記事と同様に、「夜不収」の情報（諜報）活動を示すものである。

以上、「夜不収」の謀略工作・破壊工作の事例と情報（諜報）活動に関する事例を掲出したが、「夜不収」の活動に関しては、つぎに掲げるような事例もある。まず、『英宗実録』景泰元年（一四五〇）四月癸卯（三十日）の条に、

〔史料13〕

韃賊数千、掩いて大同の城下に至れり。総兵官定襄伯郭登は兵を率い、東門より出でて、与に戦い佯《いつ》

わり敗走す。群賊追って土城に入るや、伏兵起ちて之を截《き》る。七人を生擒し、斬首すること四級なり。夜不収劉九兒等を遣わして奏捷もて至らしむ。命じて九兒等を陞す。倶に一級なり。

とあり、景泰元年（一四五〇）四月に、大同においてモンゴル軍と明軍とが衝突した際に、大同総兵官郭登は、「夜不収」を使って明廷へ捷報を届けさせている。

つぎに、『忠粛集』巻七、「兵部官軍を擅調する事の為にす」に、

〔史料14〕

内府、奉御黄整等の題を抄出す、今差（職務）を蒙り、臣等前《すす》みて永寧に往き守備す。臣、景泰元年閏正月初一日に、官軍・夜不収一千五百員名を率領して、永寧に到りて守備する外、本月初八日に至り、夜不収の聲息を飛報するに拠るに、都指揮同知楊信、官軍三百五十員名を調去すること有り。

〔史料15〕

今、奉御黄整奏称すらく、本月二十三日、右参将都督僉事楊俊は、夜不収を差わし、帖を齎し前みて永寧に来たり、都指揮王琳の帯領せる馬歩官軍を調取して、前みて懐来城内に往きて守備せしむ、と。

とある。〔史料14〕は、「夜不収」による情報の伝達である。さきに、すでに事例を挙げて示したように、「夜不収」の主要な活動の一つは、情報（諜報）活動であった。情報の伝達は、情報収集活動の結果報告であり、そのため、この情報伝達なくしては、情報（諜報）活動そのものの有効性が存在しないことになるのであり、「夜不収」の活動上必要不可欠な任務であったのである。これに対して、〔史料15〕は、命令の伝達であるといえよう。この命令伝達もまた「夜不収」の本来的な性格に由来するものであった。「夜

不収」の行動様式は、諜報活動にしろ、謀略工作にしろ、隠密であるべきであり、それなくしては何の成果をも挙げられないものであった。軍の調撥や移動・展開は、敵陣に察知されないで速やかに行えて初めて、その敵陣に対する防御線の形成・威嚇等の軍事的効果を生み出すものである。したがって、そのような戦術の転換を秘密裏に成し遂げるとしたら、常日頃から隠密的行動をその行動様式としている「夜不収」にその「軍令」を伝達せしめる、いわゆる「伝令」の任務を帯びさせることは、蓋し当然のことであった。

以上を要するに、「夜不収」の伝達行為としては、勝捷の伝達、戦場や敵陣等の情報伝達、作戦変更や戦術転換に関する軍命の伝達（伝令）等が挙げられるのである。

二 「夜不収」と衛所との関係

以上の諸節では、「夜不収」の諸活動を通して、その任務とするところを見てきたが、それを整理すると、

①敵陣の夜襲・焼き打ち・破壊等の破壊工作
②味方の救出・奪回等の謀略工作
③情報収集等の諜報活動
④情報の報告、命令の伝達、捷報等の情報伝達

に大別出来るものと思われる。それでは、これらの特殊任務を遂行した「夜不収」とは、いかなるもので

あったであろうか。

まず、「夜不収」として、かかる特殊任務に携わったものたちは、どこから集められたかというと、それは衛所であった。それを左証するのは、まず〔史料3〕に見える、

夜不収楊総旗

という文言である。総旗とは、明代軍制上におけるポストのひとつである。一介の布衣から身をおこし、ついに天下統一をなしとげ、全中国の新たな支配者となった明の太祖洪武帝は、その三十一年に亙る治世の間に様々な制度を確立し、王朝盤石の土台を築いたのであるが、それら諸制度の中で、軍事制度の基幹をなすものとして創設したのが衛所制度であった。周知のように、衛所制度は、百戸所(一一二軍)を基礎単位として、その百戸所を十あつめて千戸所(一一二〇軍)を形成し、五つの千戸所で一衛を組織するというのが基本的原則であった。実際には、その原則と異なる衛所も多々見られたが、ともかく、明代初期には全国に衛は三二九、守禦千戸所は六十五設置された。ここにみえる衛の総数は、京師に置かれた親軍衛・京衛と地方に設置されたいわゆる外衛とを含めたものであるが、その内訳を見ると、親軍衛は錦衣衛等十二衛、京衛は三十五衛であったから(14)、その残りはすべて外衛であったということになる。このような配置状況にある衛所において、その統括には、衛は指揮使、千戸所は正千戸、百戸所は百戸があたり、それぞれ配下の軍士を統べたのである。さらに細かく言えば、指揮使の下には指揮同知・指揮僉事があり、正千戸の下には副千戸があり、百戸の下には試百戸があり、さらにその下に総旗がおり、小旗がいたのである。総旗とは、このような衛所制度の中に見られるものであるが、総旗は五小旗、つまり五十人の軍士

を率いていた。一小旗はその五分の一の軍士十人を率いていたのである。このように、総旗にしろ小旗にしろ、全くの一軍卒という訳ではなかったが、しかし衛所制度にあっては、衛所官と呼べるのは官品を有するものだけであった。つまり、上は正三品の官品を有する指揮使から、下は従六品の百戸までであって、したがって、これら以外の総旗・小旗ならびに単なる軍士は官品も有せず、世襲者のいない場合の退休後の経済的保障制度ともいうべき優養制(15)等の恩恵に与かれなかったのである。このように、総旗・小旗という身分は、厳密に言えば、衛所官ではなく、かといって衛所軍そのものでもないという、衛所官と衛所軍との中間に位置するのであり、いうなれば、日本の旧陸軍における下士官のような存在であった。総旗は、このように衛所内の一ポストであったのであった。したがって、「夜不収」は、衛所に所属するものであったといえるのである。

もう少し、「夜不収」と衛所の関係について、触れておきたい。前掲『忠粛集』の巻十、「兵部夷人の進貢の事の為にす」に、

〔史料16〕

内府、鎮守薊州永平山海等処右少監郁永の題を抄出す。景泰四年十二月初二日、提調喜峰口等処把総指揮僉事張鉞・守備喜峰口指揮僉事韓禎の呈に拠るに、本年十月二十九日酉時（午後六時）、該《そ》の口外の長哨せる夜不収の軍人崔時等走りて報ず。本日申時（午後四時）哨して地名腰站に至るや、達子の人馬、路に順りて来り備うるを瞭見す、と。

とある。ここに出てくる「夜不収軍人崔時等」という文言からも、「夜不収」たる崔時等が、衛所に所属

するものであることが知られる。すなわち、「軍人」とは、衛所の軍を指称するにほかならないからである。衛所は、人的には衛所官と衛所軍とを基本に構成されていた。かかる衛所官・衛所軍に対して、兵は、このいずれの範疇にも入らない。兵は、衛所制度を補完する存在として登場した。民壮・土兵・客兵・郷兵等の兵系統のものは、衛所制度の弛緩、とりわけ衛所軍を補充するために登場した募兵であり、明代軍事制度においては、官（衛所官）・軍（衛所軍）・兵（募兵）は、厳密な区別がなされていたのであった。

したがって、〔史料14〕に、

本月初八日に至り、夜不収の聲息を飛報するに拠るに、都指揮同知楊信、官軍三百五十員名を調去すること有り。

とあり、〔史料15〕に、

都指揮王琳の帯領せる馬歩官軍を調取して、前みて懐来城内に往きて守備せしむ。

とある「官軍」は、「賊軍」の反対語ではないのである。一般的概念でいう、朝廷・政府の軍隊という範疇には入るけれども、厳密な言い方をすれば、明朝国軍の中核をなす衛所の衛所官・衛所軍を縮めた用法なのである。

〔史料16〕に話を戻せば、「夜不収軍人崔時等」という文言から、崔時等は、衛所軍であり、同時に「夜不収」としてその任務を負わされた存在であることが知られる。この「夜不収軍人崔時等」を、「夜不収の軍人崔時等」、もしくは「夜不収たる軍人の崔時等」と解釈すべきであることは、

夜不収軍人蔡英（『少保于公奏議』巻二、「兵部聲息の事の為にす」）、

夜不収総旗李五兒（『少保于公奏議』巻二、「兵部人口を走回する事の為にす」）

とある事例からみても了解されるであろう。

極めて零細な事例ではあるけれども、以上の、

夜不収楊総旗

夜不収総旗李五兒

夜不収軍人崔時

夜不収軍人蔡英

の事例からみて、特殊任務に従事した「夜不収」というものたちは、衛所に所属したことが読み取れるであろう。その故に、前掲〔史料9〕の、

大同提督軍務副都御史年富等に勅して曰く、このごろ夜不収の軍人の報に拠るに、哨して菱角海子南山に至るや、達賊人馬の有るを見る。

とある記事の、

このごろ夜不収の軍人の報に拠るに、

とある部分の原文は、

頃者拠夜不収軍人報

とあるのであるが、これは、

このごろ夜不収・軍人の報に拠るに、

と、「夜不収」と「軍人」とを別個の存在として並立に読むべきではないのである。これは、本来「このごろ夜不収の軍人の□□の報に拠るに、」とあるべき文言であり、たまたま□□に入るべき人名が欠落したものに過ぎないからである。この軍人とは、「夜不収」なる特殊任務を担った「軍人」、すなわち衛所軍ということである。したがって、〔史料5〕に、

> 山西山陰守禦千戸所千戸周瑄等奏すらく、達賊三千余騎、北行して代州に至る。時に各々の関口は既に塞ぎ、天寒く雪深し。虜騎出ずるを得ず。因りて繁峙の諸県を剽掠す。臣潜かに夜不収を遣わし、夜に乗じて其の営を斫ち、七人を殺す。賊遂に乱れ、其の馬匹・器械を獲たり、と。

とあって、守禦千戸所の千戸周瑄等が、五人の「夜不収」を潜かに送り込み、漆黒の闇夜に乗じて、モンゴル軍の陣営を襲撃することを命令できたのも、「夜不収」というものが衛所に所属する存在であり、千戸所の統括者である千戸の指揮下に入っていたから、可能であったのである。

「夜不収」の所属については、以上のように解せられるので、〔史料5〕に、

> 其の夜不収五人は各々一級を陞す。

とあり、〔史料13〕に、

> 夜不収劉九児等を遣わして奏捷もて至らしむ。命じて九児等を陞す。倶に一級なり。

とある「陞一級」とは、現在総旗であるならば試百戸への、衛所軍であれば小旗への、衛所内における、それぞれの陞格を意味するのであった。

それでは、衛所内において、「夜不収」の任についた職官としては、どのようなものがあったのであろ

うか。これまでに列挙したのは、総旗と衛所軍に過ぎなかったが、于謙の『少保于公奏議』巻二、「兵部聲息の事の為にす」からは、

夜不収千戸楊栄

夜不収百戸銭庸

の事例を、同じく「兵部人口を走回する事の為にす」からは、

夜不収百戸李長目兒

の事例を拾い出すことが出来る。とすれば、衛所内における、

指揮使－指揮同知－指揮僉事－千戸－副千戸－百戸－試百戸－総旗－小旗－軍

という指揮系統にあって、千戸以下の職官に「夜不収」の任が充てられているということになる。収集し得た事例が零細すぎるので、千戸以下の職官全てに関して、「夜不収」の事例を有しないが、千戸・百戸・総旗には、「夜不収」の任務が充てられているのに、その下に位置する小旗には、「夜不収」の仕事が充てられなかったとは考え難い。衛官たる指揮使・指揮同知・指揮僉事が、「夜不収」に充てられることはなかったとしても、所官たる千戸・副千戸・百戸・試百戸と衛所軍、それに所官と衛所軍との間の下士官とも言うべき総旗・小旗を含めて、千戸以下全てが、「夜不収」に充てられる対象であったと考えられる。

以上に述べてきたところから知られるように、「夜不収」は、衛所所属であったので、当然のことながら、都督府→都司→衛所の指揮系統のもとで行動した。そのため、時には、指揮命令の乱用によって「夜不収」が私的に使用されることも稀ではなかった。例えば、『英宗実録』景泰六年（一四五五）春正月丁未

朔（一日）の条に、

【史料17】

提督宣府軍務右僉都御史李秉奏すらく、万全右衛守備都指揮喬清等、擅に夜不収王加兒をして出境して材木を採らしめ私用せんとするも、賊に追趕せられて凍死す。その墩の指揮呉洋等官、隠匿して報ぜず、と。倶に宜しく罪を治すべし、と。巡按御史に命じて執問すること律の如くせしむ。

とあるのは、その一例である。ともあれ、「夜不収」に充てられた衛所官・衛所軍の任務は、通常の衛所官・衛所軍より苛酷であった。同じく正統九年（一四四四）九月戊寅（三日）の条に、

【史料18】

甘粛総兵官寧遠伯任礼等奏すらく、陝西行都司所属は、倶に極辺に臨む。近ごろ精健なる旗軍二百九十九名を選び、夜不収に充つ。常川《つねに》出境して信息を探報し、労苦は常軍に倍す。しかるに粮賜は衆と異なる無し。乞う月粮内において本色米五斗を増給せんことを、と。……之に従う。

とあるのは、その間の事情をよく物語っているといえよう。

以上に縷々述べてきたように、「夜不収」は、衛所に所属する存在であった。しかし、かれらは、前述のごとく、①敵陣の夜襲・焼き打ち・破壊等の破壊工作、②味方の救出・奪回等の謀略工作、③情報収集等の諜報活動、④情報の報告、命令の伝達、捷報等の情報伝達等の特殊任務に従事したので、通常の衛所軍とは異なり、①～④のような特殊任務を遂行するための資質と適性を具有することが必要であったであろう。

アメリカの元CIA長官アレン・ダレスは、その著『諜報の技術』の中で、よい情報官の資質として、

①人間を見る能力があること
②困難な条件下に他人と協力し働けること
③事実と虚構を区別することを学ぶ
④大切なことと大切でないことを区別
⑤探求心を持っている
⑥大きな工夫力を持つ
⑦微細なことにも適当な注意力を払う
⑧考えを簡潔、明晰、かつ大切なことは面白く表現できること
⑨沈黙しなければならぬ時は口を閉ざす

の九項目を挙げている。[16] これによると、自己顕示欲の強い冒険家風の一匹狼を排し、アラビアのローレンスとも、007のジェームズ・ボンドとも違う、平凡な市民タイプのスパイが理想とされていることが読み取れるのである。アレン・ダレスが挙げる項目は、古今東西を問わず、スパイ（日本の忍者も含めて）に共通した資質であったと思われる。

したがって、「夜不収」は、その存在した時代と地域とが、CIAとは全く異なるけれども、前述の九項目は、「夜不収」にとっても、必要不可欠な基礎的条件であったと見なされる。ただし、明代中国の北辺で活動した「夜不収」が、押しなべてこのような資質と適性とを持っていたということを意味するわけ

ではない。ただ、衛所官・衛所軍の中から選抜して、「夜不収」としての特殊任務を担わす場合の選抜基準としては、それに相応しい資質と適性とが考慮されたことであろう。諜報活動や謀略・破壊工作といった「夜不収」の任務を遂行するのに、衛所官・衛所軍であるならば、だれでもよいというわけにはいかなかったからである。

「夜不収」関係史料の中で、その適性や資質を示す史料は、ほとんど見られない。しかしながら、例外的な事例として、『忠粛集』巻七、「兵部建言の事の為にす」に、

〔史料19〕

宣府・大同は各々宜しく重兵を屯し操練し、宣府は独石馬営、或いは徳勝口に合して屯練し、大同は或いは威遠衛において屯練し、各々武将の驍勇にして怯懦ならざる者を選びて総兵官に充て、文臣の剛毅果断にして猶予せざる者を総督軍務に充つべし。時に常に夜不収の番語に諳暁せし者を遣わし、身は緑衣を穿《き》て達子に装扮して出境し、彼の情を探聴せしむ。各々の敵、三百里の内・二百里の外に在れば、則ち孫子兵法を按じて、出師するに、神神として軍の聲を颺《あ》げるを許さず、微微にして軍の形を現わすを許さず。

とある。これは、兵部尚書于謙が献策した対モンゴル軍作戦の一節であるけれども、「夜不収」の中の、番語すなわちモンゴル語がよく出来るものを選び、かつモンゴル人の身なりをさせて、北辺に投入・散開させようというのである。この于謙の言から、モンゴル語能力も、「夜不収」の資質の一つであったことが知られよう。ともかく、諜報活動にしろ、謀略・破壊工作にしろ、課せられた任務を遂行するためには、

まずモンゴル領内に入り込むことが前提条件になる。その際には怪しまれないことが必要であった。そのためには、漢人であることを見破られないこと、言い換えればモンゴル人の同胞と見られるのが肝要であったのである。その基礎的条件として、身なりがモンゴル人そのものであること、[17]モンゴル語が頗る堪能なことが要請されたのであった。

しかし、それでも危険は、終始付きまとった。探索活動中、モンゴル軍に遭遇して捕獲されたり、殺されたりすることも稀ではなかった。『英宗実録』正統十二年（一四四七）五月丁酉（七日）の条に、

〔史料20〕

初め大同参将都指揮使馬義・都指揮僉事田忠、夜不収を遣わして虜を境外に覘わしむるも、猝に虜に遇いて殺さる。

とあり、同じく同年秋七月辛丑（十一日）の条に、

〔史料21〕

鎮守密雲署都指揮僉事王通等奏すらく、夜不収の軍人、賊に虜去せらる、と。

とあるのは、その一例である。モンゴル軍は、「夜不収」を捕えると、かれらの持つ情報と知識を聞き出し、それを対明作戦の立案に生かし、かつ「夜不収」を対明侵寇の際の道案内役にしようとしたのであった。それを物語るのは、『英宗実録』正統十一年（一四四六）四月丁巳（二十日）の条にみえる、つぎの史料である。

〔史料22〕

甘粛総兵官寧遠伯任礼等に勅す、奏を得るに、夜不収三人、哨探出境して、達賊の執うる所と為る。此れ必ず瓦剌の我が辺境の人を得て、事情の虚実・山川険易・道路の通塞・将士の勇怯を審探し、辺を犯すの計を為し、且つ彼をして嚮導と為さしめんと欲すればなり。

「夜不収」の持つ情報は、モンゴル側にとっても、活用できる価値を有し、かつ明側にとっては、不利益を齎すものでもあったので、「夜不収」がモンゴル軍に捕まったり、殺されたりしたことに関しては、明廷では過剰に反応している。〔史料20〕の事例では、「夜不収」が殺されたが、「夜不収」を派遣した大同参将都指揮使馬義と都指揮僉事田忠は、すぐに逮捕され、斬刑に処せられようとした。そこで、鎮守太監の郭敬は、馬義と田忠とを釈放して、名誉挽回を図らせるべきことを請願したが、皇帝の允許はでなかった。つづいて、左参将都督僉事の石亨も、オイラートのエセン〔也先〕がしばしば明の北辺を侵犯しており、秋になるとさらに心配であるから、馬義と田忠の罪を許して自分の輔佐となさんことを請願した。それによって、ようやく馬義と田忠は、為事官として石亨に従って、殺賊の功を立てる機会が与えられた(18)。この当時、政治を壟断していたのは、司礼監太監の王振である。英宗の聖断には、王振の意向が反映している場合が多かった。加えて、鎮守太監郭敬は、王振と関係が良かったともいわれているから(19)、その具奏に対して、何らかの配慮があっても不自然ではなかったが、それでも大同参将都指揮使馬義と都指揮僉事田忠は、「夜不収」がモンゴル軍に殺された責任をとらされたのであった。過剰に反応している点では、〔史料21〕においても同様である。鎮守密雲署都指揮僉事王通等の奏が齎されると、

上勅して之を責めて曰く、爾等の訓練に法無く、夜不収の賊の獲する所と為るを致す。

と厳しく叱責している。[20]このように「夜不収」がモンゴル軍に殺されたり、捕獲されて対明侵寇の際の道案内役に利用されたり、「夜不収」の情報や知識が逆に利用されることに過剰に反応した英宗は、甘粛総兵官寧遠伯任礼等に下した勅書の中で、

其れ夜不収の出でて哨するに、亦須らく其の地里を審べ、其の進止を量り、之を縦ちて深入するべからざるべし。若し前に仍りて怠誤すれば、必ず罪して赦すこと無し。[21]

と命令し、「夜不収」の行動範囲に制限を加えたのであった。

三 「夜不収」と異国情報

英宗は、このように「夜不収」が、モンゴル側に捕捉されたり、殺されたりすることを極端に警戒したのであるが、それでは、その「夜不収」が、危険を犯して収集し齎した情報とは、一体どのようなものであったのであろうか。

その具体例として、于謙の『少保于公奏議』巻一、「兵部聲息の事の為にす」に、

〔史料23〕

内府鈔出鎮守宣府等処内官監左監丞柏玉題、景泰元年四月二十一日辰時、拠夜不収呂関兒等走報、「本月二十日卯時有達子三百余人馬、従石峯口入境、随即放礮二箇、関兒等那往北山潜伏瞭見、敵人到関、将南北門楼二座、放火焼毀、又有敵人哨馬五十余騎、到於洪賛口、本日申時、各寇仍従石峯口

出境去訖」。

とあるのを見てみよう。「　」内が、夜不収の呂関兒等が、鎮守宣府等処内官監左監丞の柏玉に報告した内容である。その内容は、

本月（四月）二十日卯時（午前六時）、達子（モンゴル人）三百余が、石峯口より入境しますと、随即《すぐさま》磤二箇をぶっ放しました。関兒等は、北山に往って潜伏し瞭見していましたところ、敵人（モンゴル人）は、関に到着すると、南北の門楼二座に放火し焼毀しました。又敵人の哨馬五十余騎が洪賛口に到着しましたが、本日の申時（午後四時）には、各々の寇（モンゴル人）は、石峯口より出境して離れ去りました。

というものであった。「夜不収」の呂関兒等は、四月二十日午前六時から午後四時までの間、モンゴル軍の動きを探り、それによって得た情報を、十六時間後の翌朝（二十一日）の午前八時には、柏玉のもとに伝えてきたのであった。

実は、こうした小まめに齎されたモンゴル情報は、使い捨てではなかったのである。明代歴朝の実録編纂官によって取捨選択され、その際に幸いにして採択されたものが、現行の『明実録』中のモンゴル史料として伝存しているのである。例えば、〔史料9〕（『英宗実録』景泰二年（一四五二）八月丁卯（二日）の条）に、

大同提督軍務副都御史年富等に勅して曰く、このごろ夜不収の軍人の報に拠るに、哨して蔞角海子南山に至るや、達賊人馬の有るを見る。

とあり、また同書、天順五年（一四六一）二月甲午（二十三日）の条に、

鎮守蘭県右少監秦剛奏すらく、偵報ず、達賊四百余騎、黄河北岸に屯し、数十騎は河を過ぎて剽掠す、と。

とあるのは、その好箇の事例である。「夜不収」が出先の軍事機関にいち早く齎したモンゴル情報は、その軍事機関を介して朝廷に伝わったのである。その数たるや、洪武元年（一三六八）の明朝創設から崇禎十七年（一六四四）の明朝滅亡というスパーンでみれば、それこそ膨大なものであったであろう。現在『明実録』に収録されているのは、文字通り、九牛一毛・滄海一粟というべき全くわずかなものに過ぎないのである。

その点については、『明実録』中のモンゴル史料に関する他の情報源においても、同様であるといえよう。『明実録』モンゴル史料の情報源としては、

①明側のスパイ、すなわち「夜不収」の齎した情報

の他に、

②明側が擒獲したモンゴル側のスパイが提供した情報
③モンゴルの捕虜となっていたが、自力で脱出した中国人の齎した情報
④モンゴルに派遣された使者の復命報告書に基づく情報
⑤出先の軍事機関や軍事責任者が上奏した情報
⑥政府の高官をはじめとする諸官僚の上奏文
⑦皇帝の親征に扈従したものが書き残した記録

⑧皇帝の詔勅そのもの

等様々であった。このように、モンゴル史料の情報源は、一見すると多様のように見えるが、この中で情報の独自性を有するものは、

①明側のスパイ、すなわち「夜不収」の齎した情報
②明側が擒獲したモンゴル側のスパイが提供した情報
③モンゴルの捕虜となっていたが、自力で脱出した中国人の齎した情報
④モンゴルに派遣された使者の復命報告書に基づく情報
⑦皇帝の親征に扈従したものが書き残した記録

であって、

⑤出先の軍事機関や軍事責任者が上奏した情報
⑥政府の高官をはじめとする諸官僚の上奏文
⑧皇帝の詔勅そのもの

は、上記の①②③④⑦の諸情報に基づいて作成されたものである。したがって、①②③④⑦が一次情報、それらを取り込んだ⑤⑥⑧は二次情報、さらにこれらの諸情報の『明実録』に収録されたものは、三次情報というべきであろう。「夜不収」の齎す情報は、このような情報プロセスからみれば、極めて根源的な一次情報なのである。しかしながら、折角の根源的情報も、一次情報が二次情報にとりこまれる際、二次情報が三次情報になる際、それぞれにおいて加工が施されるので、我々が現行の『明実録』に見いだすモ

ンゴル史料と、一次情報との間において、かなりな乖離が発生するのは、蓋し当然のことであった。

したがって、われわれ歴史家には、『明実録』中のモンゴル史料から「生」のモンゴル情報へ、換言すれば、三次情報から二次情報へ、二次情報から一次情報へと、可能な限り遡及して検索するという作業が課せられることになるのである。

むすび

以上、極めて零細な史料に基づいて、明代中国の北辺において諜報活動や謀略・破壊工作などの特殊任務に就いていた「夜不収」をめぐって、若干の検討を試みた。それから導き出される異国情報の問題は、いかなる地域、例えば、明代中国にとっての朝鮮情報、日本情報、ベトナム情報を一つずつ取り上げても、基本的にはそれぞれに該当する問題であると思われる。日本情報関連でいえば、その一つを構成する倭寇情報にしても、一次情報としては、

①明側のスパイの齎した情報
②明側が擒獲した倭寇側のスパイが提供した情報
③倭寇の捕虜となっていたが、自力で脱出した中国人の齎した情報
④日本あるいは倭寇の居留地に派遣された使者の復命報告書に基づく情報

があり、二次情報として、

⑤出先の軍事機関や軍事責任者が上奏した情報
⑥政府の高官をはじめとする諸官僚の上奏文
⑦皇帝の詔勅本体そのもの

等が主要な情報源であったと思われる。これらの情報検索の作業を怠ったならば、今や豊饒な果実を得ることは不可能であろう。各国図書館の漢籍目録の刊行、中国における各種史料の復印と排印本の出版、マイクロ史料の将来等、史料環境が大幅に改善されたことによって、少なくとも、一次情報のうち、

④日本あるいは倭寇の居留地に派遣された使者の復命報告書に基づく情報

と二次情報の、

⑤出先の軍事機関や軍事責任者が上奏した情報
⑥政府の高官をはじめとする諸官僚の上奏文
⑦皇帝の詔勅本体そのもの

の検索は、かなり可能になった。明代史研究者の立場から見れば、倭寇研究に④などは一部大いに活用されているとはいえ、⑤⑥⑦などの活用は甚だ少ないように感じている。今後は、そうした方面にもアグレッシブに関わって行くことが必要である。

註

（1）中薗英助『スパイの世界』（岩波新書、一九九二年）三頁。

（2）同右書、三―四頁。なお、『聖書』は一九五六年版、日本聖書協会刊本による。
（3）天野鎮雄『新釈漢文大系第三十六巻　孫子・呉子』（明治書院、一九七二年）六十四頁。
（4）同右書、八十三頁。
（5）同右書、三三三頁。
（6）同右書、三三七頁。
（7）『西遊記』（作家出版社、一九五五年）七九五頁。
（8）⑴太田辰夫・鳥居久靖訳『中国古典文学大系第三十一巻　西遊記（下）』（平凡社、一九七一年）一八五頁。
⑵中野美代子訳『西遊記（七）』（岩波文庫、一九九三年）。なお、註（7）所引の『西遊記』においては、「夜不収」に註が付され、

「夜不収」―従前軍中巡邏、偵察之事的人（八〇五頁）。

とある。
（9）和田清『東亜史研究（蒙古篇）』（東洋文庫、一九五九年）三三二頁。
（10）趙毅・羅冬陽著『正統皇帝大伝』（遼寧教育出版社、一九九三年）一五二頁。
（11）袁彬の題本とは、「錦衣衛掌衛事都指揮僉事臣袁彬謹題為纂修事」のことである（以下、袁彬題本と略称）。土木の変において、親征軍が覆滅するなかで辛うじて死を免れた錦衣衛校尉の袁彬は、英宗に扈従して行動をともにし献身的な忠誠を示した。一年後、袁彬は英宗に付き添って帰京したが、英宗に代わって皇帝の座にいた景泰帝は、袁彬に対しては、わずかに錦衣衛試百戸を授けて報いたに過ぎなかった。しかし、英宗が復辟すると、袁彬は指揮僉事に抜擢され、以後昇進を重ね、英宗の眷遇一入なものがあり、破格の厚遇を受けたのであった（これについては、本書「第四章　錦衣衛校尉袁彬」参照）。英宗が天順八年（一四六四）一月に崩御し、そ

れにともなって、成化元年（一四六五）に『英宗実録』の編纂事業が開始されると、袁彬は、まる一年にわたる英宗の捕囚生活について証言することを求められた。そこで、袁彬は、前記の題本を呈上したのであった。その結果、この題本は、その後、二つの点で大きな意味を持つことになった。

まず一点は、『英宗実録』の正統十四年（一四四九）八月十五日から景泰元年（一四五〇）八月十五日に至る一年間の、モンゴルにおける英宗の捕囚生活の記録として、また当該時期のモンゴル内部の動向を示す記事の、重要な資料ソースとなったことである。もう一点は、この題本は、のちに新たに『北征事蹟』という題名が付されて、各種の叢書に収録されたことである。それによって、本来ならば、『英宗実録』の編纂が終了次第、用済みとして処理されて、『英宗実録』にバラバラに摂取された記事だけしか残らなかった可能性が高かったのが、『北征事蹟』という名で、各種の叢書に収録されたことで、その全文が伝世したことである。

以上の袁彬題本をめぐる諸問題については、拙著『明代異国情報の研究』（汲古書院、一九九九年）「第五章 袁彬題本と『北征事蹟』」・「第六章『英宗実録』のモンゴル情報―袁彬題本との比較―」参照。

なお、本書において使用した袁彬題本のテクストは、国立中央図書館所蔵鈔本影印の尹直『謇斎瑣綴録』（屈万里編『明代史籍彙刊』台北学生書局、一九六九年に収録）所収本に拠り、併せて鄧士龍輯『国朝典故』（北京大学出版社、一九九三年）所収本を参照した。

（12） 史料の訳読は、原文が文語体史料であるものについては訓読、口語体史料であるものについては意訳を基本原則とした。

（13） 正統十四年（一四四九）八月二十三日におけるモンゴル側の英宗の送還をめぐる協議については、拙著『明代中国の軍制と政治』（国書刊行会、二〇〇一年）「後編 政治と軍事―英宗回鑾を中心にして―」の「第一章 回鑾発議」を参照。

(14) 山崎清一「明代兵制の研究（一）」（『歴史学研究』第九十三号、一九四一年）二十一―二十二頁。

(15) 優養制の概念と実態、ならびに世襲上に果たした役割については、前掲拙著『明代中国の軍制と政治』「前編　軍事行政―衛所を中心として―」の「第七章　優養制」を参照。

(16) アレン・ダレス著・鹿島守之助訳『諜報の技術』（鹿島研究所出版会、一九六五年）。

(17) モンゴル人の衣服の色彩については、『少保于公奏議』巻二、「兵部聲息の事の為にす」に、

兵科鈔出守備永寧都指揮同知周全等、……（景泰三年）三月十一日酉時、瞭見境外、東北煙火一処、相離本墩（高山墩）五里、又瞭二人身穿青衣、一人身穿黒衣、倶到墩下行走等因。

ともあり、青衣・黒衣というのが、モンゴル人の一般的な衣服の色であったようである。

(18) 『英宗実録』正統十二年（一四四七）五月丁酉（七日）の条。

義・忠就逮、論当斬、鎮守太監郭敬、乞釈義・忠、以図後效。上不允。至是、左参将都督僉事石亨言、也先数犯辺、及秋尤可慮、請赦義・忠為己輔。乃降義・忠為事官、随亨殺賊立功。

(19) 郭敬と王振との関係については、『英宗実録』正統十四年（一四四九）九月丙戌（九日）の条に、

鎮守大同太監郭敬下獄。初敬素与王振厚。

とあり、王世貞の『弇山堂別集』巻九十一、中官考二に、

是月、令旨籍没太監郭敬・内官陳官・内使唐童等家、以皆王振党也。

とある。また、王振の口車に乗って京師を出発した英宗の親征軍が、大同から急遽反転したのも、郭敬の王振へのアドバイスによるものであったと言われている。それについては、前引実録、同年八月己酉（二日）の条に、

駐蹕大同。王振尚欲北行。鎮守太監郭敬密告振曰、若行正中虜計。振始懼。自出居庸関、連日非風、則雨、

及臨大同、驟雨忽至。人皆驚疑。振遂議旋師。

とある。

（20） 同右書、正統十二年（一四四七）秋七月辛丑（十一日）の条。

（21） 同右書、正統十一年（一四四六）四月丁巳（二十日）の条。

第二章　モンゴルの諜者と奸細

はじめに

およそ師を興すこと十万、出征すること千里なれば、百姓の費、公家の奉、日に千金を費す。内外騒動し、道路に怠りて、事を操るを得ざるもの七十万家、相守ること数年にして、以て一日の勝を争ふ。而るに、爵禄百金を愛《お》しみて、敵の情を知らざるは、不仁の至りなり。人の将に非ず、主の佐に非ず、勝の主に非ざるなり（天野鎮雄『新釈漢文大系第三十六巻　孫子・呉子』明治書院、一九七二年）。

これは、中国において最も早く、情報活動の重要性に着目して、兵法の極意として、武力に頼らないスパイ戦に理想を置いた孫子が、スパイ（間諜）の重大性について述べた言葉である。

孫子は言う。

十万の軍兵を千里の遠い戦地に出征させると、この軍兵に給与する武器、兵糧等の費用は一日千金を要し、この費用は、人民の租税による国家の軍事費で賄われるわけである。そのために、朝廷や政府の内外は動揺し、人民たちは街頭に集まり、戦争の話でもちきり、家の仕事はそっちのけで、壮丁を出征させたので、働き手がなく、一家の生業を休まなければならない銃後の家が七十万。そうして戦争の勝負はあっけないもので、一日で決まってしまう。それでも勝った方はまだましであるが、負けた方はひどいことになるので、君主や将軍はあらゆる戦術戦法をつくして勝を制するようにつとめるべきなのに、わずか爵禄百金ばかりを惜しんでスパイを利用することもしないで、したがって敵国、敵軍の実情にも通じないで、ただ戦闘しようとするがごときは、まことに人民に対して不仁者である。そんな将軍は、大将たるの資格はないし、君主の輔佐役として適任でもなく、また勝利の主人公となれるものでもない。

このように、情報活動の重要性を説く『孫子』の用間篇では、間諜の種類、その使い方などについて言及している。中国最古の兵法書において、すでに指摘された情報・諜報の活動は、どの時代においても、重要性を増すことはあっても、それが減少するということはなかった。とりわけ、中国と周辺民族との間に緊張関係がある場合は、その重要性は否応無しに増大していった。

中国北辺の接壌地帯における明とモンゴルとの関係・様相を通観すると、時には通商関係の樹立によって、平和裡に推移していった時期もないわけではないが、押しなべて緊張関係にあった。

そのため、明では軍事・防衛政策等の立案・実行のための情報収集・諜略等の諜報活動を活発に展開した。それを担ったのが、「夜不収」であった。その一方、モンゴル側も、胡松（嘉靖八年〔一五二九〕の進士、官は吏部尚書に至る）が「かの諜、野に満つ[1]」と言っているように、中国内地、あるいは中国北辺の接壌地帯に多数のスパイ（諜者）を送り込んでいた。

筆者は、さきに明・モンゴル関係が極めて緊張した関係にあった土木の変前後に、中国北辺に投入された「夜不収」について、その機能や存在形態等を中心に、ごく初歩的な検討を行った。[2]

そこで、本章では、それとは反対に、モンゴル側が、接壌地帯ならびに中国内地において展開した諜報活動について、とくにその担い手に焦点を当てて、いささか考察してみたいと思う。

一　諜者それぞれ

モンゴル軍を迎え撃つために、五〇万という大軍を率いて親征した明朝第六代皇帝の英宗が、逆に土木堡（現在の河北省懐来県付近）において捕虜になるという前代未聞の事件（土木の変）が起きてから二カ月余りの日子が過ぎた十一月の初め、明軍は三人のモンゴル諜者を擒獲した。『英宗実録』正統十四年（一四四九）十一月庚辰（四日）の条に、

〔史料1〕

官軍、虜の諜者三人を獲す。其の二人は太監喜寧の家奴、其の一人は忠勇伯把台麾下の指揮使安猛哥なり。寧は土木より上皇に随侍し、把台は戦敗して虜に降り、倶に虜のために用いらる。虜、遁去するや、明年の春夏、復び入寇せんと謀り、故に三人の者をして来り覘わせしむ。かつ猛哥に囑し、潜かに都指揮石連台の素より厚くする所の将軍を率いて内応を為さんことを約せしむ。法司、三諜者を鞫し、実を得る。上、命じてこれを斬し、寧の家を籍し、把台の家は不問に置く。降虜胡人の驚疑す

る者衆《おお》きを恐るればなり。

とある。諜者三人のうち二人は、太監喜寧の家奴、残る一人は、忠勇伯把台麾下の指揮使であった安猛哥であるという。

太監喜寧とは、土木の変が起きた八月十五日に、英宗がモンゴル軍の捕囚の人となってモンゴルにつれ去られた時、それに扈従した宦官の喜寧のことである。親征軍覆滅の様子と英宗捕囚後の喜寧の扈従に関しては、『英宗実録』の正統十四年（一四四九）八月壬戌（十五日）の条に、

車駕啓行せんと欲するも、虜騎の営を繞《めぐ》り窺伺するを以て、復た止まりて行かず。虜詐りて退く。王振、命を矯めて営を抬《あ》げて行き水に就く。虜、我が陣の動くを見るや、四面より衝突して来る。我が軍遂に大潰す。虜車駕を邀《むか》えて北行す。中官は惟《ただ》喜寧の随行するのみ。振等皆死す。官軍人等死傷する者数十万。

と記されている。英宗の親征に数多《あまた》の宦官が参加していて、しかも親征軍の覆滅によって、その大多数が殺されたことは厳然たる事実ではあるけれども、「中官は惟喜寧の随行するのみ」という限定的な表現が、果たして正鵠を射ているかどうかは、すこぶる疑わしい。しかし、捕囚後の英宗に扈従していた内廷宦官の中で、太監職であったものは、喜寧の他には、それほどいなかったかもしれない。太監職は、司礼監太監を始めとして十二しかなかったからである(3)。

その司礼監太監の王振、この親征軍のそもそもの立案者であったが、この王振も、八月十五日、阿鼻叫喚の混乱の最中《さなか》に殺された。『明史』のその本伝（巻三〇四）には、「振乃ち乱兵のために殺さる」とある。

乱兵とは、モンゴル軍ではなく、明軍の方であった。一説によれば、護衛の将士であった安州（北直隷保定府）出身の樊忠なるものによって、瓜でもって叩き殺されたといわれている。その瓜が、南瓜のようなものであったか、哈密瓜のようなものであったかは、さだかではない。とあれかくあれ、王振は死んだ。

喜寧は、御用監太監であった。御用監とは、宦官二十四衙門のうちの一つで、その職務は、皇帝専用の屏風、調度品、椅子、テーブル、象牙、花梨（かりん）、白檀、紫檀、双六、棋盤、カルタ、螺鈿細工、堆朱等を製作することであった。[4]喜寧は、この衙門の長官であった。

本来、宦官は内廷にいて、皇帝・后妃のそばに仕え、ともに宮城という限られた空間の中で生活するものであった。紫禁城で生まれた皇帝は、それこそ死ぬまで、宦官とともに暮らしていたことになる。このような日常生活の応対の中から、皇帝と宦官との間には自然に信頼関係が生まれた。したがって、捕囚の皇帝となり、モンゴルに抑留された英宗にとって、太監喜寧がそばに近侍することは、心強いことであったにちがいない。しかも、袁彬題本[5]の正統十四年（一四四九）十月四日の条に、「喜寧は、モンゴル語を話すことができるので」云々という文言があるように、喜寧はモンゴル語に通じていたから、英宗がモンゴル側とコミュニケーションを取ろうとする場合にも都合の良いことであった。モンゴル語に通暁することは、学習することによっても可能ではあるが、嘉靖『両鎮三関通志』巻三、景泰元年（一四五〇）の条では、喜寧はもと「胡種」であったといっているから、モンゴル語が出来ることと、「胡」と表現されていることを重ね合わせると、モンゴル人であり、モンゴル語は母国語であったと考えられる。

そのように、諸々の点で、英宗にとって、都合の良いはずであった太監喜寧の存在であったが、実際には全く逆で、甚だやっかいな存在であった。モンゴルに抑留されると、太監喜寧は、次第に反明的行動をとるようになったからである。そして、結局は明軍の奸計に陥り、磔刑に処せられることになるが、その辺りの事情については、すでに別稿において考察したので、それに譲り(6)、ここでは、ただ右に引用した〔史料1〕に関連する点だけに触れることにする。

翌月の十二月五日、喜寧は、英宗を悩ます事件を起こした。英宗が捕囚の人となって以来、英宗に近侍して献身的な奉仕をしてきた錦衣衛校尉の袁彬(7)を騙して殺そうとしたのである。殺されかかった当の本人が、詳しくそのいきさつを書き残しているので、それを紹介しよう(8)。

喜寧はエセンと相談してお上に高橋兒・寧夏に行くことをお願いした。臣は、「今天気が寒冷なのに、爺爺（英宗のこと）はどうして行くことができましょうか」と言った。遂に行くことはなかった。喜寧はエセンに、「すべて校尉袁彬がそそのかして行くことを阻止したのだ」と言い、臣をだまして蘆葦の地に行き縛り付け、惨殺しようとした。忠勇伯は密かに人を行かせてお上に知らせた。お上は哈銘（楊銘）に、エセンに対《むか》って、「臣の死を許して欲しい」と言わせたので、やっと革紐が解かれた。エセン等は、モンゴル人を率いて四散し略奪した。一カ月でことごとく営に帰ったが、日時はバラバラであった。

これによれば、袁彬の危機を英宗に知らせたのは忠勇伯であったことが知られる。この忠勇伯が、モンゴル側の諜者となり、明軍に擒獲された指揮使安猛哥を部下とした忠勇伯その人であった。紛れも無く、英宗によって親征軍扈従者のメンバーに入れられ、親征軍覆滅によってモンゴルに抑留されていた忠勇伯蔣信（把台）のことであった。

初名を把台という蔣信は、永楽二十年（一四二二）十月に所部を率いて明に来降し永楽帝から金忠という姓名を賜ったモンゴルの王子也先土干の姪《てつ》である。蔣信（把台）は、正統九年（一四四四）に右都督となり、戦功をもって忠勇伯に封ぜられ、食禄一千一百石を与えられた。土木の変においては、大多数の高官たちが陣亡する中で死なずに捕虜となった。蔣信（把台）は、このような履歴の人物であり、それに加えてモンゴル語を母国語とした。さらには、モンゴルの内部事情に通じた人脈をも持っていたものと思われ、袁彬が騙されて危機的状況にあることを知り、英宗に通報したのである。

さて、正統十四年（一四四九）十一月に明軍が擒獲したモンゴルの諜者三人は、以上に述べてきたごとく、それぞれ御用監太監喜寧と忠勇伯蔣信（把台）の手下の者であった。かれらもまた、その主人の、あるいは上司の親征軍への参加にともなって、それに従行し、不運にもモンゴル軍の捕虜となって抑留され、その後、モンゴル側の諜者としての任務を遂行することを求められたのである。

それでは、諜者に仕立てられた「太監喜寧の家奴」とは、どんな存在であったのであろうか。この場合の家奴とは、「閹割し奴となったもの」という極めて限定的な意味になる。それを裏付ける好箇の史料は、『英宗実録』正統十二年（一四四七）閏四月庚午（九日）の条に見えるつぎの記事である。

太監喜寧、太師英国公張輔の田宅を侵すも、輔従わず。寧の弟勝及び其の自浄の家奴、輔の佃戸の居室を毀《こぼ》ち、輔の家人の妻を殴り、堕孕して死なしむ。輔、これを訴う。寧は宥さるるを得。法司、勝及び其の家奴を鞫し、倶に杖に当つ。上、命じて勝に罪謫を贖《あがな》わしめ、自浄の者は広西の南丹衛に戍せしむ。勝言う、輔も亦、擅に自浄の人を収めて奴となす、と。上、輔の罪を宥し、亦自浄の者を南丹に謫す。

これは、太監喜寧・勝兄弟と張輔家とのトラブルについて言及したものであるが、注目すべきは、双方とも自浄の家奴を所有していたことである。自浄とは自宮・私宮と同じく、私的に閹割した閹人であり、それが家奴として、太監喜寧・勝兄弟や張輔の家に仕えていたということになる。したがって、この自浄の家奴は、閹人ではあるが、宦官とはいえないのである。すでに早く自宮宦官について詳細な検討をなされた清水泰次氏は、朝廷以外に居るものも、例えば、勢豪家に居た者も「宦官」という表現を使われているけれども(9)、これは妥当でない。

明代においては、宦官は、朝廷・王府・公主府等官的機構に居たものだけに限定して、それ以外の民間に居た者は、一括して火者と総称すべきである。その火者は、すべて自浄（自宮・私宮）のみであったわけではなく、捕虜・犯罪によるものなど、閹人になるまでの事情は、さまざまではあったが、これら火者と呼ばれるべき閹人たちは、皇帝賜与の結果として封爵家等にいた。換言すれば、皇帝の賜与によって放出される以外、本来的には火者は民間には存在しないというものであった。この禁を破り、民間において勝手に私有すれば、それは犯罪であった(10)。

ところが、太監喜寧・勝兄弟や張輔の家では、自浄の閹人を家奴として使用していた。そのことが、今回のトラブルによって発覚し、双方それぞれが所有していた自浄の者は、いずれも広西の南丹衛に謫戍された。太師英国公の地位にあった張輔は、自浄の家奴を所有していた罪そのものは許されたけれども、この事件が契機となって、他の功臣家等が私蓄していた閹人の家奴もまた、官に没収されることとなった。(11)

張輔は、永楽・洪熙・宣徳・正統の四朝に仕えた歴戦の将軍であった。河間王張玉の長子。祥符（現河南省開封府）の人。字は文弼。父張玉は、永楽帝にその潜邸（燕王府）時代から付き従った。永楽帝が挙兵し、建文帝と戦った靖難の役において朱能とともに顕著な功績をあげ、信任された。張輔も父張玉に従って力戦し功を立てた。張輔は、永楽初年から前後十二回にわたって、安南（ベトナム）の地に遠征した。これによって、安南は、唐以来四百余年でふたたび中国の支配下に置かれることになった。のち、黎利が反すると、明軍はこれを押さえることが出来ず、安南は明の支配から脱して独立した。しかし、張輔は、安南平定の功臣として、歴朝において厚遇され、常に軍政の大事に参画した。かかる地位にあった太師英国公張輔でさえ、禁を破って自浄の者を家奴として蓄えていたのである。そのように自邸に自浄の者を収用することは、当時の時代的風潮でもあったようであるが、(12)それのみならず、家奴は、家政処理に必要な存在でもあった。(13)

さて、〔史料1〕に戻ると、土木の変後、モンゴル側から諜者として中国北辺に送り込まれ、明軍に擒獲されたものの中に、喜寧の家奴が二人いたということである。先に触れたように、太監喜寧・勝兄弟と張輔家とのトラブルによって、双方の自浄の家奴は、広西南丹衛に謫戍されたが、その二年後に喜寧の家奴が現れるのは、張輔家とのトラブルによって謫戍されたのは、喜寧の弟勝の収用していた家奴だけで、喜寧の方の家奴は謫戍、もしくは没収を免れた（つまり没収の対象は功臣家だけであった）、あるいはその後にまた家奴を私蓄したなどのさまざまな可能性が考えられるが、そのいずれであったにせよ、土木の変後、モンゴルの諜者となった太監喜寧の家奴とは、右に見てきたような「自浄の家奴」であったといえよう。

つぎに、忠勇伯把台麾下の安猛哥についてみてみよう。忠勇伯把台（蔣信）は、すでに触れたように、本来モンゴル人であり、明に帰化して戦功によって忠勇伯に封じられたが、親征軍に扈従して、土木の変以後モンゴルに抑留されていた。その麾下であったという安猛哥も、その名前をみると、把台（蔣信）と同様に、モンゴル人であったように思われる。安猛哥という姓名のうちで、猛哥は現代中国音では meng-ge となるので、ムンケ・ムンゲ・モンケ・モンゲ等が、そのモンゴル語名に相当するものと思われる。ちなみに、モンゴル帝国の第四代ハーンのムンケには、中国の史書は、一般的には蒙哥という漢字を当てている。

指揮使（正三品）とは、衛所を統括する最高官職であるので、安猛哥は、親征軍を組成した京衛・親軍衛・外衛の中のどこかの特定の衛所に所属し、その衛所の指揮使であったはずである。(14) それがどこの衛所であったか特定する材料は、現在のところ持ち合わせていないが、安猛哥は、ともかくも、この親征軍組成に際して、同じモンゴル人の忠勇伯把台の麾下に組み込まれて出軍し、不運にもモンゴル軍の捕虜となり、明軍の都指揮石連台をモンゴルに内応させるための工作任務に従事すべく、中国の北辺に入ってきたところを擒獲され、斬刑に処せられたことだけは明白である。

明けて景泰元年（一四五〇）の閏正月、大同鎮総兵官郭登は、新たに擒獲したモンゴル諜者を京師に械送してきた。『英宗実録』同年同月甲戌（二十九日）の条には、つぎのようにある。

〔史料2〕

大同総兵官定襄伯郭登、邏して虜の諜者を得、械して京に至らしむ。其の一は、太監郭敬の家人把伯、其の一は、義州衛の軍王文、皆也先の親信する所なり。錦衣官之を鞫す。云う、喜寧、也先と議して遣わし京師に至り、城中軍馬の多少、大明皇帝の立つか未だ立たざるか、能無き人か能有る人かを覘《み》て、今年五月を期して太上皇を送りて回し京城を奪わんことを謀る、と。又言う、把台常に太上皇の所に至りて痛哭し、太上皇帰らば我も亦帰らん、若し帰らざれば我も亦帰らず、其の心常に中国に在ると云う。其の也先を誘いてほしいままに虜掠する者は、皆喜寧及び小田兒なり、と。

大同総兵官郭登麾下の巡邏軍が、モンゴル側の間諜二人、すなわち郭敬の家人把伯と義州衛の軍王文なるものを擒獲したのであった。

太監郭敬とは、鎮守大同太監の郭敬のことである。山西省の主要都市大同には、北辺防衛の重要な拠点の一つとして大同鎮が置かれた。大同鎮の重要性について、例えば、明中期の人である馬文升（景泰二年〔一四五一〕の進士、官は吏部尚書に至る）は、「廷臣を会集し禦虜の方略を計議し以て大患を絶たんとする事の為の疏」という上奏文の中で、「薊州・宣府・大同の三鎮は、極めて虜境に臨み、京師を藩屏す。国家の安危は、実に此れに繋がる。」（『皇明経世文編』巻六十四、馬端粛公奏疏三に所収）と述べている。また、隆慶四年（一五七〇）正月に総督陝西三辺軍務都察院右都御史兼兵部右侍郎王崇古（嘉靖二十年〔一五四一〕の進士）が、原官のまま、総督宣大山西等処軍務兼理糧餉を命ぜられた時、王崇古は、上奏して辞退を申し入れたが、穆宗は、「宣大は重鎮なり。卿の才略素より著しきを以て特に茲に簡用す。宜しく亟《すみ》やかに任に之《ゆ》くべし。辞するを允《ゆる》さず。」（『穆宗実録』隆慶四年〔一五七〇〕正月丁亥〔十九日〕の条）と勅諭して、王崇古に宣大山西等処の総督に就任することを命じた。これらの零細な事例を引いただけでも、大同の辺防に占める位置が知られよう。

郭敬については、王世貞の『弇山堂別集』巻九十一、中官考二に、「王振党なり」と書かれているように、王振と極めて近い関係にあった。はっきり言えば、王振と郭敬とは、親分－子分の関係であったのである。とはいうものの、郭敬は、王振と同じように、土木の変において落命したわけではなかった。『英宗実録』正統十四年（一四四九）九月丙戌（九日）の条に、

鎮守大同太監郭敬、獄に下さる。初め敬、素より王振と厚し。

とあるように、土木の変後、逮捕され下獄しており、土木の変の最中に戦死したわけではなかったことが窺われる。郭敬は、鎮守大同太監という立場上、親征軍には参加せず、大同に踏み留まり、モンゴルの侵寇に対処していたのであった。したがって、その家人把伯なるものが、モンゴル側の諜者に仕立てられる前提としての、モンゴル軍に捕らえられ、その虜囚の人となった時期は、土木の変の時ではなかったように思われる。

それでは、その時期は何時であったであろうか。一つの可能性としては、正統十四年（一四四九）七月十五日のことではなかったかと推測される。この日は、親征軍が京師を出発する前日にあたるが、大同鎮に常駐し北辺防衛に当たっていた大同総督軍務西寧侯宋瑛・総兵官武進伯朱冕・左参将都督石亨等、それにこれらの諸将を監軍する立場で鎮守太監郭敬が、明軍を率いて出軍し、陽和後口でモンゴル軍と戦い全

滅した。宋瑛・朱冕は戦死、石亨は命からがら大同城に逃げ帰るという無残なる大敗北を蒙った。この時、郭敬は草むらに隠れて、九死に一生を得るという恐怖の体験をした[15]。その家人把伯がモンゴル軍の捕虜となったのは、この敗戦時ではないかと推測されるのである。

この把伯も、その名前からすれば、モンゴル人であったと思われる。モンゴル人で鎮守太監郭敬の家人ということになれば、その素性は、太監喜寧に仕えていた浄身の家奴と同様ではなかっただろうかと考えられる。太監喜寧の下にいた家奴が、モンゴル人であったか否かは判然としないけれども、モンゴル人、とりわけ戦後における「俘虜」としてのモンゴル人の処理方法としては、文武の大官・小官に登用する他に閹割して火者、もしくは宦官にするというように様々であった[16]。このことから類推すれば、モンゴル人であり、鎮守太監の家人であったとするならば、把伯は閹人で郭敬の家奴であったと見なしても大過ないであろう。

もう一人の諜者、義州衛の軍王文が何時モンゴル軍の捕虜になったのか、それを断定するのは甚だ困難である。そもそも義州衛は、遼東都指揮使司所属の衛であり、現在の遼寧省錦州市義県に置かれていた。王文は、この義州衛の軍であったという。明代の軍制においては、官・軍・兵の区別があり、それは甚だ厳密なものであった。官とは衛所官のことであり、軍は衛所軍、兵は召募兵であった。王文の立場は、衛所の人的組織において、最も末端に位置する軍であったのである。

かかる王文が所属した義州衛が親征軍を組成した衛所の中に入っていたかどうかは、確定出来ない。少なくとも、春秋に輪番で京師に上番する班軍番上軍の中には、義州衛の名は見られない[17]。したがって、義州衛の衛所官・衛所軍は、日ごろ京師に上番することはなかった。とすれば、王文が親征軍に参加して土木の変に際会して捕虜になったという可能性は、極めて低いといえよう。考えられる可能性として、その蓋然性の高いのは、英宗が親征を決断した直接的契機となったモンゴル軍の対明侵寇である。その情報が明廷に届いたのは、正統十四年（一四四九）七月十一日のことであった。『英宗実録』正統十四年（一四四九）秋七月己丑（一一日）の条によると、

是の日、虜寇するに分道し、期を刻して入寇す。也先は大同に寇し、猫児荘に至る。右参将呉浩、迎戦して敗死す。脱脱卜花王は遼東に寇す。阿剌知院は宣府に寇し、赤城を囲む。又別に人を遣わし甘州に寇せしむ。諸守将城に憑り拒守す。報至るや、遂に親征を議す。

とあり、情報の届いたその日に親征が議されたのである。モンゴル軍の侵寇は、この数日前に決行されたわけであるが、その際にモンゴル軍は、大同・遼東・宣府・甘州と四路に別れて侵寇した。遼東方面への侵寇を担当したのは、トクトブハ王（脱脱不花王）とその軍勢であった。

義州衛の軍王文がモンゴル軍に擒獲された時期を絞り込むとすれば、トクトブハ王軍が遼東に侵寇してきたこの時が最も可能性としては高い。しかし、それはあくまでも可能性であって、確定できるわけではないが、ともあれ、王文は、捕虜となりモンゴルに抑留されている人物としてはエセンが親信する一人になっていたという。それがために、諜報活動のため、中国の北辺に遣わされたのであり、たまたま大同に駐屯する明巡邏軍の巡辺の際に擒獲されたのであった。

景泰元年（一四五〇）の紀年を有するモンゴル諜者史料としては、他につぎのようなものがある。まず、

『英宗実録』景泰元年（一四五〇）二月戊子（十三日）の条に、

〔史料3〕

居庸関、虜の覘者劉玉を擒得す。乃ち鎮守独石内官韓政の家人なり。云えらく、也先、玉をして来り中国の軍馬の多少、石亭・楊洪の有無を窺覘せしむ、と。錦衣衛に命じてこれを厳錮せしむ。

とあり、同書、同年三月辛未（二十七日）の条に、

〔史料4〕

偏頭関、虜の諜者を擒得す。錦衣衛、これを鞫す。

とあり、さらに同書、同年七月丁未（五日）の条に、

〔史料5〕

有る僧、虜の獲するところとなり、因りてこれに叛付し、潜かに鴈門関より入り、以て我が師の虚実を覘い、絹盗をなす。百戸の獲するところなり。命じて法司に付して、これを鞫す。

とある。

これら〔史料3〕〔史料4〕〔史料5〕の三史料が共通に提供する情報は、モンゴル諜者たるかれらが、明軍に擒獲された地域についてである。〔史料3〕には居庸関、〔史料4〕には偏頭関、〔史料5〕には鴈門関とある。

明代長城沿いの北辺には、鎮守軍が置かれていた。洪武時代、腹裏・外辺には、衛所や墩堡等の諸軍事機関があって、各軍事施設には、附近の衛所の軍士が少数屯駐し、行軍する場合は、中央から五軍都督府

の都督あるいは公侯伯が掛印将軍に任命されて、総兵官として衛所軍を統括して出軍したが、それが終ればに京師に帰り、衛所軍はまた回衛し、その行軍組織は解体せられたのであった。ところが、永楽時代になると、五塞三犂という言葉に象徴されるように、外征が多くなって、中央から派遣された総兵官は、そのまま作戦地域の要地に留まることになり、それに伴って元来臨時的応急的なものであった行軍も、その要害の地に常駐して鎮守軍となった。かくして、軍鎮は常備軍として、順次堡墩・関隘等の防備施設を整備し、且つまた周辺の衛所をもつつみこんだ一大軍事基地圏を出現創出するに至ったのである。北辺にも多数の鎮守軍が列置された。その中でも、とりわけ重要度の高かった鎮守軍、すなわち遼東鎮・薊州鎮・宣府鎮・大同鎮・山西三関鎮・延綏（楡林）鎮・寧夏鎮・固原鎮・甘粛鎮は九辺鎮と呼称された。

居庸関は、九辺鎮中の一鎮ではないけれども、北京の皇城と明陵の守備上重要な位置を有した昌平鎮の、偏頭関・鴈門関は、九辺鎮の一つである山西三関鎮を構成する関であった。三関とは、偏頭関・鴈門関の他に寧武関を指し、総兵官や巡撫は、鴈門関に鎮守していた(18)。

〔史料3〕〔史料4〕〔史料5〕に見られるモンゴル諜者は、このような山西三関鎮軍を構成する偏頭関・鴈門関周辺、ならびに昌平鎮周辺の軍事的情報を探るために潜行しているところを、それぞれの鎮守軍に擒獲されたのであろう。このとき擒獲されたモンゴル諜者の素性について、〔史料4〕には、その姓名や素性を窺い知る手掛かりとなる情報はないが、〔史料3〕では、鎮守独石内官韓政の家人劉玉というものであったことがわかる。内官とは宦官のことである。その家人ということになれば、〔史料1〕〔史料2〕の事例よりみて、劉玉もまた閹割された家奴と見なすことができるであろう。

〔史料5〕では、もともと僧侶であったとしかわからないが、いずれにせよ、鎮守独石内官韓政の家人の劉玉も、もと僧侶も、双方ともに、モンゴル軍に擒獲されてその手先になり、中国の軍事情報を探る諜報活動に従事していたのであった。

つぎに、「諜」という文字を冠したものに関して、その擒獲記事は、『明実録』においては、嘉靖時代になって、集中的に見出しうる。そこで便宜上、小分けしてそれらの事例を掲出して、それぞれの事例について検討を加えることにしたいと思う。まず、嘉靖二十年代においては、つぎの二事例がある。

〔史料6〕『世宗実録』嘉靖二十二年（一五四三）十二月乙酉（十五日）の条

陝西、虜諜の張尚仁等五人を緝獲す。詔して、斬し以て徇え、仍お首を各辺鎮に伝えしむ。参政謝蘭・副使曹邁等に銀幣を賞し、差有り。

〔史料7〕同右書、嘉靖二十六年（一五四七）三月壬戌（十一日）の条

耀州同官県、先後して虜諜の何万良等五人を獲して言う、虜酋、万良等四十四人を分遣して辺に進みて偵探せしめ、将に入寇せんとす、と。総督侍郎曾銑、以て聞し、并せて分巡副使方遠宜・僉事辛童・吏目王伯洋等の緝捕の功を上す。上、命じて万良等を梟示せしめ、厳しく未だ獲せざる者を緝せしむ。遠宜・童に銀幣を賜い、伯洋等には総督官をして犒賞を行わしむ。

〔史料6〕では張尚仁等五人、〔史料7〕では何万良等五人が擒獲されたことが知られる。ただ、〔史料

7〕に見える何万良等五人は、モンゴルが散開させた諜者四十四人中の五人であって、一割強が擒獲されたに過ぎず、九割弱は、深く潜行して未だ擒獲されていなかったのである。

〔史料6〕では、擒獲の主体を陝西とのみ記されているが、これは陝西鎮を意味するわけではない。謝蘭（嘉靖五年〔一五二六〕の進士）は、陝西巡撫を経験しているが、それは、この時から三年を経た嘉靖二十五年（一五四六）三月に行われた人事によって実現した。陝西巡撫柯相の河南巡撫への転出にともなって、河南左布政使であった謝蘭が陝西巡撫として着任したのであった。[19] 謝蘭の経歴をみると、河南左布政使の前職は、陝西参政であった。[20] 張尚仁等五人の擒獲によって銀幣を賜与されたのは、この陝西参政在任中のことであったものと思われ、〔史料6〕にいう陝西とは、陝西布政使司を意味することになろう。

〔史料7〕も、〔史料6〕と同様、純粋な軍事機関ではなく、陝西西安府耀州同官県という行政機関によって、モンゴル諜者の擒獲が行われたのであった。これらの事例を見ると、モンゴル諜者の擒獲には、軍事機関だけではなく、行政機関も関与していたことが知られる。

つぎに、嘉靖三十二年（一五五三）の二事例について見てみよう。

『世宗実録』嘉靖三十二年（一五五三）十月辛卯（十八日）の条

〔史料8〕

山西巡撫都御史趙時春奏すらく、虜間の張彦花等十二人を擒獲す。詔して、辺に梟示せしむ。盤詰の百戸王経等を陞すこと、それぞれ一級。

同右書、嘉靖三十二年（一五五三）十二月己卯（七日）の条

〔史料9〕

巡撫山西都御史趙時春、虜間の恵彬・白言兎等を捕獲し以て聞す。詔して、即ちに処決し梟示せしむ。

以上の二史料は、いずれも山西巡撫都御史趙時春（嘉靖五年〔一五二六〕の進士）が擒獲を上奏してきた事例である。趙時春の山西巡撫の在任期間は、嘉靖三十二年（一五五三）二月から十二月までであった。[21]上記の張彦花等十二人ならびに恵彬・白言兎等を山西鎮の明軍が擒獲したのは、ちょうどこの間の出来事であった。〔史料8〕に関していえば、「盤詰の百戸王経等を陞すこと、それぞれ一級」とある。盤詰とは、盤問・盤詢と同義であり、尋問追及するという意味である。衛所の百戸である王経等は、虜間すなわちモンゴル諜者を見つけて尋問し、張彦花等十二人を擒獲したのであった。王経等がどこの衛所に所属する百戸であったかは、不明確ではあるが、制度的な観点からいえば、山西鎮を構成する鴈門関・寧武関・偏頭関の三関のいずれかに班軍番戍してきた山西都司下のどこかの衛所であったと考えられる。[22]

つぎに、嘉靖三十三年（一五五四）の事例としては、同右書、嘉靖三十三年（一五五四）十月癸巳（二十六日）の条に、

〔史料10〕

虜中の姦諜黄鉞を緝獲するの功を論じ、京営の参将雲冒に銀二十両を賞し、把総指揮白宗等の陞賞は差有り。

とある。

この史料は、京営軍がモンゴル諜者黄鉞擒獲の主体であったことを示している。京営とは何かを説明す

るには、まず明代軍制の基本構造について述べる必要がある。

一介の布衣（庶民）から身を起こし、ついに天下統一を成し遂げ、中国の新たな支配者になった朱元璋（洪武帝）が創設した人民の把握と統治のための戸籍制度と国家権力を維持するための軍事制度は、歴代の他の王朝には見られない明朝独自の特徴を有するものであった。戸籍制度においては、職業別にし、軍戸・民戸・匠戸・竈戸等に分類した。そして、軍戸は兵部、民戸は州県、匠戸は工部、竈戸は塩課司の各管轄に所属させ、その管轄機関によってそれぞれが統治されたのである。したがって、軍戸の場合、一旦、明初にそれに入れられた家は、代々軍戸として世襲されていき、それが明末まで続いたのである。軍戸に入れられたのは、①〝従軍〟あるいは〝従征〟と称せられる兵力で、朱元璋の起兵時から付き従っていた最も基本の兵力であったもの、②〝帰付〟元末明初に朱元璋軍によって削平された群雄および元の降軍、③〝謫発〟犯罪によって軍に落とされたもの、④〝垜集〟民間より徴集したもの、などであった。これらの軍戸が、軍兵として再配置された先が、京師に設置された親軍衛・京衛と地方の要害の地に設置された外衛の三種の衛所である。中国全土に分散設置された衛所の数は、洪武二十六年（一三九三）の時点で、衛が三二九、守禦千戸所が六十五の多きに上ったが、この中で、圧倒的多数を占めたのが、北辺・沿海地方および腹裏に置かれた外衛であった。

外衛の軍兵は、屯軍（軍士への給料支給のための米穀生産に従事するもの）・運軍（租税としての米穀を国都まで漕運するもの）・戍軍（守城・巡回に従事するもの）・班軍（京師に交替に上って勤務する番上軍、辺境に交替で勤務する番戍軍）等があり、これらが衛所の基本的な軍種であり、一衛は五六〇〇名からなるというのが基本原則であった。この兵力を統轄するのが、指揮使・指揮同知等の衛所官であるが、衛所官への昇格は、軍戸に入れられた経緯がどうであれ、武功を上げさえすれば、いくらでも可能であったのである。これらの衛所を統轄するのが都指揮司であり、都指揮司を統轄するのが、五軍都督府であり、都督府を統轄するのが、皇帝であるという構造になっていた。

明の軍制は、以上のように、皇帝→都督府→都指揮司→衛所という体制になっていた。しかし、これは平時の組織であって、出兵等軍事行動をとるための戦時組織としては、別に京営と辺鎮とがあった。京営は、京師に置かれた京衛と、輪番で京師に番上してきた外衛の一軍種である班軍とで組織したもので、永楽帝のモンゴル遠征軍にその起源が求められ、三大営―五軍営・三千営・神機営―が恒久的な組織として成立した。

ところが、三大営は、正統十四年（一四四九）八月に崩壊の憂き目を見るに至った。同年七月、モンゴル軍が明に侵寇してきた時、これを迎え撃つべく大軍を率いて北京を離れた英宗は、屈辱にも逆にその捕虜となってしまったのである（土木の変）。この点については、先に触れた。この時壊滅したのは、明朝国軍の中核をなす三大営であったのである。そのため、英宗に代わって即位した景泰帝に信任された兵部尚書の于謙は、まず京営の再建に着手して、十二団営という組織を作った。以後、東西官庁→新三大営の順で改編されていき、嘉靖以降明の滅亡までの京営組織は、五軍営・神機営・神枢営からなる新三大営であった。この新三大営を統轄するものとして、戎政府がおかれ、その長官は初め提督と呼ばれ、のち総督と改称された。各営には副将、参将、遊撃将軍等がおり、各営はさらに十の小営（二千から三千名で組織された）

に分かれ、小営はさらに隊に細分されたのである。

一方、モンゴルや女真との接壌地帯にも、戦時編成として鎮が順次設置されていき、その主たるものを九辺鎮と呼び、それが北辺防衛体制の中心をなした。各辺には、数千から数万の馬軍・歩軍がいたが、これらの大半は衛所の班軍番戍軍によって占められていた。辺鎮を統轄する指揮官としては、総兵官以下協守副総兵・分守参将・遊撃将軍等の諸官が置かれていたが、その中には、文禄慶長の役の際、明軍を率いて活躍する李如松の父李成梁のように、長く遼東鎮総兵官の地位に座って、一種の軍閥的勢力をもつに至ったものも現れたのである。

以上に説明したことからもわかるように、この時期（嘉靖三十三年〔一五五四〕）の京営は、五軍営・神機営・神枢営によって組成された新三大営であった。〔史料10〕の黄鉞緝獲に功のあった参将雲冒が、これらの三営のうちのどこに所属していたかは不明であるが、ともかく黄鉞は、参将雲冒・把総指揮白宗等京営関係者によって擒獲されたのであった。

つぎに、嘉靖三十四年（一五五五）における事例について、まず史料を掲出する。『世宗実録』嘉靖三十四年（一五五五）正月乙丑（二十九日）の条には、

〔史料11〕

錦衣衛邏卒、偵して虜諜の趙龍等六人を獲す。詔して左都督陸炳・右都督朱希孝にそれぞれ銀三十両・紵絲二表裏を賜う。龍等を市に梟す。

〔史料12〕

宣大、虜諜の魏鎖住を捕獲し、及《つ》いで虜酋鉄奔を執う。詔して総督尚書許論・巡撫侍郎王忬にそれぞれ銀三十両・紵絲二表裏を、兵備副使楊順・分巡僉事張鎬にそれぞれ十両・一表裏を賜う。参将余勛・張勲、守備劉漢・陳忠等を陞すこと、それぞれ三級。鎖住・鉄奔は諸辺に梟示せらる。

と、同日に二事例を載せている。

〔史料11〕に見えるモンゴル諜者趙龍等六人は、中国の国内に入り込んでいたところを擒獲されたことがわかる。それは、かれらを擒獲したのが、中国北辺の辺防軍ではなく、錦衣衛の邏卒であったとする点から察せられるのである。錦衣衛は、侍衛上直軍、すなわち親軍衛の一つであった。親軍衛は、全部で二十四衛設置されたが、錦衣衛は、その中でも特別の位置を占める衛であった。その顕著な特徴は、地位が高かったことと権力が強大であったことである。今それを詳述する暇はないが、衛を構成する千戸所の数だけをみても、一般の衛が五千戸所によって組成されていたのに対して、その三倍強にあたる十七の千戸所をも有していたのである。錦衣衛の任務としては、直駕・侍衛・緝捕・刑獄等広範囲に亙った。

モンゴル諜者趙龍等六人を擒獲したのは、これらのうちの緝捕という任務が機能した結果であろう。緝捕とは、巡察のことであり、京城内外における定期的な巡察活動の際に趙龍等を摘発し擒獲したものと思量される。史料中の文言に、「錦衣衛邏卒、偵して」とあるが、「邏偵」で「見回って様子を探る」という意味であり、その見回る範囲は、京師の京城内外であったのである。とすれば、趙龍等六人は、大胆にも京師に入り込み、京城内外においてその諜報活動を展開していたことになる。

この事例と異なり、〔史料12〕に見える魏鎖住の擒獲は、北辺での出来事であった。宣大とは、宣府・

大同・山西等の簡称であって、それらの地方の軍務を総督するのが宣大総督であり、その宣大総督は、兼ねて宣府・大同・山西の三撫三鎮を節制する権限も管掌した。モンゴル諜者魏鎖住を捕獲し、続いて虜酋鉄奔を執えたことで、褒賞として銀三十両・紵絲二表裏を賜与された許論（嘉靖五年〔一五二六〕の進士）が宣大総督に就任したのは、前年の嘉靖三十三年（一五五四）五月壬子（十三日）のことであった。[23]なお、「総督尚書」とある尚書とは、兵部尚書のことであり、許論は兵部尚書であると同時に宣大総督であったことを示している。

宣大総督は、このように宣府・大同・山西等の広大な領域を管掌していたのであった。そこで、魏鎖住等が捕獲された地点について、もう少し狭めるべく検討しよう。その手がかりとして、巡撫侍郎王忬について見てみると、嘉靖三十三年（一五五四）六月から翌年三月まで、大同巡撫であったことが知られるから、[24]魏鎖住等の擒獲は、大同とその付近の領域においてであったといえよう。したがって、魏鎖住等の擒獲において、主体的に行動をしたのは、大同鎮の鎮守軍であり、兵備副使楊順、分巡僉事張鎬、参将余勛・張勲、守備劉漢・陳忠等の人々も、大同鎮の文官ならびに将星であったと思量される。

明のモンゴル諜者擒獲の事例の大多数は、嘉靖時代に集中している。その中でも、とりわけ嘉靖三十四年（一五五五）に集中してみえる。分析・検討の都合上、それらの事例をいくつかに分けて挙例し、考察を加えることにする。その前に、嘉靖二十年（一五四一）代の事例に関して、書き漏らしが一例あるので、ここに補足しておきたい。

『世宗実録』嘉靖二十年（一五四一）十二月戊辰（十七日）の条に、

〔史料13〕

山東臨清州、虜間一人を獲す。巡撫都御史曾銑、以て聞す。上、命じて銑に銀幣を賜い、兵備副使王陽の俸を一級陞し、知州邢大道・典史張皐は守臣をして厚く之を犒《ねぎら》わしむ。其の虜を獲する者には銀三十両を賞す。仍お廠衛諸司に命じて京城内外を厳詰せしめ、兵部は榜掲して功有る者には例の如く陞賞せしむ。

とある。これは、中国内地に入り込んで活動していたモンゴル諜者擒獲の事例である。臨清州は、現在の山東省西北部にあり、北直隷に隣接する。州内を衛河と南運河が貫流していて、交通の便が発達し、一大商業中心地となり、全国各地から商人が集まっていた。万暦二十七年（一五九九）四月、大規模な民変が起きたが、それは交通網の発達によって華北最大の商業都市に成長した臨清州市民に対する税監馬堂とその手下の税吏の横暴・収奪に反発して起きた市民の抵抗運動であった。

さて、「虜間」がモンゴル人なのか、中国人なのかは、この史料からは読み取れないが、〔史料13〕は、山東方面で擒獲された事例という点で注目される。擒獲の顛末を上奏した曾銑の官職「巡撫都御史」とは、無論山東巡撫のことである。その在任期間は、嘉靖二十年（一五四一）七月から二十三年（一五四四）二月まで、そのあと山西巡撫に転出した。(25)

それでは、『世宗実録』嘉靖三十四年（一五五五）の事例を検討することにしよう。まず、二月丁丑（十二日）の条に、

〔史料14〕

山西、虜諜の白世傑・馬元及・潘雲等十九人を捕獲す。詔して、巡撫都御史王崇を陞して兵部左侍郎となし、右副都御史を兼ねしめ、世傑等を斬し、辺に梟示せしむ。

とあり、嘉靖三十四年（一五五五）五月丁酉（四日）の条には、

〔史料15〕

宣府、虜諜の張于庫を捕獲す。詔して、遊撃将軍張嵩の職一級を陞し、于庫の首を斬し、梟示せしむ。

とあり、嘉靖三十四年（一五五五）六月壬午（十九日）の条には、

〔史料16〕

虜酋黄台吉、兵を独石辺外に駐し、其の諜把禿等四人を遣わし、内偵して滴水崖に至らしむ。屬夷の鼠和等、以て辺吏に報じ、陳鉞等これを執う。事聞し、兵部、奇功となすを以て、諸当事者に厚賞せんことを請う。詔して総督許論に銀四十両・紵絲三表裏、総兵欧陽安・巡撫劉廷臣にそれぞれ三十両・三表裏を、参将張縉に十五両を賜う。指揮陳鉞・劉潮の秩を二級、通事阮和を一級陞し、鼠和の給賞は例の如し。把禿等は斬首して梟示せらる。

とある。

以上の〔史料14〕〔史料15〕〔史料16〕によって、嘉靖三十四年（一五五五）二月から六月の間に、明軍が、白世傑・馬元及・潘雲等十九人、張于庫、そして把禿等四人の合計二十四人を擒獲したことを知ることができる。擒獲の主体をなしたのは、〔史料14〕の事例においては、山西鎮、〔史料15〕と〔史料16〕の事例では、宣府鎮であったものと思われる。

〔史料14〕に関して言えば、巡撫都御史王崇は、嘉靖三十二年（一五五三）十二月から三十五年（一五五六）六月までの間、鴈門関に鎮守して、山西巡撫を務めていた。[26]つまり、山西三関鎮に駐在していたのである。モンゴル諜者の白世傑・馬元及・潘雲等十九人を捕獲したのは、この山西三関鎮軍であり、それは王崇在任中のことであった。これによって、王崇は嘉靖三十四年（一五五五）二月、兵部左侍郎に陞進し、右副都御史を兼任したのであった。

〔史料15〕の張于庫捕獲が、宣府鎮によって主体的に行われたと見なすことができるのは、張于庫捕獲に対する褒賞として職一級を陞された張嵩が遊撃将軍であったということによる。遊撃将軍とは、鎮守軍の武職であった。正徳『大明会典』巻一一〇、兵部五、鎮戍に、

其の官の掛印を称して専制する者は、総兵と曰い、次は副総兵と曰い、参将と曰い、遊撃将軍と曰う。旧制、倶に公侯伯・都督・都指揮等の官の内より、推挙して任に充つ。

とあるように、総兵、副総兵、参将に続く位置にあり、各鎮においては、一路を守備する分守に所属していた。[27]したがって、張嵩は、宣府鎮の東路・北路・中路・西路・南路の五分守の内のどれかに所属した遊撃将軍であったことになる。

〔史料16〕の事例も宣府鎮が関わった擒獲であったと思量されるのは、まず、巡撫劉廷臣の存在である。嘉靖三十二年（一五五三）十二月から三十四年（一五五五）十二月のまる二年の間、劉廷臣は、宣府巡撫の任にあった。[28]つぎに、モンゴルの諜者把禿等四人が遣わされ、内偵しつつ到着した滴水崖とは、宣府鎮の北路分守に所属する滴水崖堡のことである。[29]

以上によって、把禿等四人の擒獲に宣府鎮が関わったことが知られるが、実際にこれらのモンゴル諜者を捕らえたのは、「屬夷の鼠和等、以て辺吏に報じ、陳鉞等これを執う」とあるように、陳鉞等であった。陳鉞の武職について、後段に「指揮陳鉞」とあるが、それでは、どこの衛所の指揮であったのであろうか。陳鉞の姓名は、『開平衛選簿』[30]の中に見ることが出来る。同書、陳鉞の条、四輩陳鉞の項に、

正徳九年十二月、陳鉞は宿州の人、開平衛帯管開平駙年老副千戸陳当の嫡長男に係る。……仍お伊《かれ》の父の功を将《も》って前職に陞せらる。本人、例に照らして実授百戸に革替せらる。

とある。ここに見える陳鉞が、「指揮陳鉞」と同一人物であったと断定する材料に乏しいけれども、開平衛の沿革を勘案すれば、黄台吉が兵を駐したという独石辺外と密接な関係にあったことがわかる。開平衛は、当初独石の北三百里に位置するかつての元朝上都の地に置かれ、北平行都司に属した。ところが、靖難の役が終息したあとの永楽元年（一四〇三）二月には京師に徙され、北京留守行後軍都督府に所属した。その後、永楽四年（一四〇六）二月、旧治に再び徙され、また宣徳五年（一四三〇）に長城線上の独石に移った[31]。

開平衛は、このように変転したが、〔史料16〕に関わる嘉靖三十四年（一五五五）当時の開平衛の設置場所は、独石であった。したがって、モンゴル諜者の把禿等四人を擒獲した「指揮陳鉞」の所属衛を開平衛と見なすのは、必ずしも牽強付会の言ではない。とすれば、正徳九年（一五一四）十二月に年老の父陳当の後を継いだ陳鉞は、百戸からその後功を重ねて指揮使に陞進したものと思量される。

なお、虜酋の黄台吉は、アルタンの子である。それは、『穆宗実録』隆慶四年（一五七〇）九月壬午（十

七日）の条に、

是より先、宣大総督王崇古、報称す、虜酋道を分けて入寇せんと欲するも、内外厳を纂《あつ》む。既にして虜、我に備え有るを覘知して、俺答・黄台吉父子、ともに謀議して、合《ほこ》をまじえずして、乃ち皆引去す、と。京師、厳を解く。

とあるのによって明白である。

さらに、『世宗実録』に見える諸例を検討しよう。

まず、嘉靖三十四年（一五五五）六月乙酉（二十二日）の条に、

〔史料17〕

北虜俺答・黄台吉、諜の麻廷遊・喬鉞等を遣わして、内《ひそか》に詗《うかが》い、天寿山に至らしむるも、守備太監賈堪の獲する所となる。守臣、其の事を上す。詔して堪の弟姪一人を廕して錦衣衛所鎮撫となす。居庸関を守る百戸崔泰等を按臣に下して罪を論ぜしむ。廷遊等は斬首して梟示せらる。

とあり、同年七月戊申（十六日）の条に、

〔史料18〕

鎮辺城、虜諜の劉保を緝獲し、撫官、以て聞す。詔して守備斉維禎等の秩を一級陞し、余の給賞は差有り。保を斬して梟示す。

とあり、同年八月壬辰（三十日）の条に、

〔史料19〕

大同、亡人にして虜諜となる者梁廷才等二十一人を捕獲す。詔して総督尚書許論及び巡撫斉宗道・兵備楊順・参議薛騰蛟にそれぞれ銀幣を賞し、差有り。廷才等を斬して梟示す。

とあり、同年九月癸卯（十一日）の条に、

〔史料20〕

宣府巡撫劉廷臣、叛人にして虜諜となる者羊羔子を執えて、以て聞す。詔して斬首して梟示す。

とあり、同年十二月丙申（六日）の条に、

〔史料21〕

陝西、虜諜楊捨良等を捕獲す。詔して斬首して梟示す。参将張弼等五人を賞して、差有り。

とある。

〔史料17〕の事例では、天寿山にひそかにやってきて諜報活動をしていたモンゴル諜者を守備太監賈堪が擒獲して、その功でもって廕をうけ、一方居庸関を守る百戸崔泰等は、失策のためか、その罪を論ぜられたという。

天寿山は、北京市の中心部から北へ約五十キロメートル離れた昌平県市街の西北にある。その山麓には、成祖永楽帝の陵である長陵を中心に、十三人の皇帝の陵墓がある。明朝では、これらの帝陵を守るために特別な防護体制を敷いた。その一つは、個々の帝陵の防護機関としての衛の設置である。十三陵のうち、嘉靖年間現在ですでに存在していた帝陵は、長陵・献陵（仁宗洪熙帝）・景陵（宣宗宣徳帝）・裕陵（英宗正統帝）・茂陵（憲宗成化帝）・泰陵（孝宗弘治帝）・康陵（武宗正徳帝）の七陵であったが、それらの陵墓には、長陵衛・献陵衛・景陵衛のようにそれぞれの衛を置き、各帝陵を防護した。

つぎに、帝陵全体の防護体制として、昌平鎮が設置された。昌平鎮は、順天府昌平州に置かれ、地方の衛所から交替でやってくる番戍軍が守備を担当した。班軍番戍制に基づいて昌平鎮に番戍するのは、隆慶衛・真定衛・保定衛・涿鹿衛・通州衛・天津左衛・河間衛等、および中都留守司・河南・山東・大寧の都司の衛所であった。これらの番戍軍は、昌平鎮を構成する居庸関分守・黄花路分守・横嶺路分守それぞれの下部機関、例えば、居庸関分守ならば八達嶺・石峡峪・灰嶺口に配置されて守備に当たった。(32)

以上の説明を踏まえて、〔史料17〕を見直すと、その罪を論ぜられたという居庸関を守る百戸崔泰等とは、昌平鎮居庸関の守備に関わる衛所官であり、モンゴル諜者を擒獲したという守備太監賈堪も、昌平鎮の鎮守太監指揮下にあったものであり、いずれも昌平鎮の守備に関わる者たちであったことが知られる。

〔史料17〕の事例は、昌平鎮に関わる出来事であったのである。

〔史料18〕の事例は、大同鎮での出来事であった。虜諜の劉保を緝獲したという鎮辺城とは、大同鎮新平路の下部機関の一つ鎮辺堡のことであるからである。(33)

これにより先の嘉靖二十一年（一五四二）閏五月に、アルタンが明に対する朝貢要求の使者に漢人の石天爵を充てて遣わしてきたところ、明の奸計に遇って捕縛されて殺された。これに対する報復として、翌六月十八日にアルタンが数万騎を率いて山西に侵入、七月二十二日に引き上げるまで、残破するところの衛所十、州県三十八、殺掠された男婦十余万人、掠奪された馬牛畜産財物機器は計算できないほどという大打撃をあたえたが、(34)この事件のそもそものきっかけとなった石天爵等の中国入りは、『世宗実録』嘉靖

二十一年（一五四二）閏五月戊辰（十九日）の条に、

虜酋俺答・阿不孩、復び夷使石天爵・満受禿・満客漢を遣わし、大同鎮辺堡より塞に款し貢を求む。

とあるように、鎮辺堡であった。この鎮辺堡と〔史料18〕にみえる虜諜劉保を緝獲した鎮辺城とは同じであった。

〔史料19〕の虜諜梁廷才等二十一人を捕獲した大同とは、大同鎮のことであった。それは、巡撫斉宗道の在任によって確認される。斉宗道が大同巡撫として在任したのは、嘉靖三十四年（一五五五）三月から十二月までのわずか九カ月にすぎなかった。[35]〔史料19〕の擒獲があったのは、その一年に満たない在任中の八月のことであった。

虜諜羊羔子を執えたという〔史料20〕は、宣府鎮に関わる事例、虜諜楊捨良等を捕獲したという〔史料21〕は、陝西鎮に関わる事例である。〔史料20〕の劉廷臣が、宣府巡撫として在任したのは、嘉靖三十二年（一五五三）十一月から三十四年（一五五五）十二月までのことであった。[36]〔史料21〕の事例では、参将張弼等五人が賞されているが、参将とは辺鎮下の分守の守備を担当するものであった。したがって、参将張弼等五人は、陝西鎮（鎮治は最初会城、のち固原に移る）の参将と見なして問題ない。陝西鎮における分守の参将は、河州参将、蘭州参将、靖虜参将、陝西参将、階文西固参将の五人がいたので、[37]張弼は、その中の一つの参将であったと思われる。

先に進もう。

『世宗実録』嘉靖三十六年（一五五七）六月乙巳（二十四日）の条に、

〔史料22〕

山西の虜諜辛正申・張欽を獲するを以て、巡撫侍郎王崇の俸を一級陞し、副使路可由・葛縉はそれぞれ一級を陞し、千戸崔応奇は二級とす。正申等は巡按御史に会審詳決を行わしむ。

とあり、さらに同年十月庚子（二十一日）の条に、

〔史料23〕

山西、虜諜白得雲・呉通等を獲す。巡撫都御史関煦、以て聞す。詔して煦の俸を一級、領軍都指揮畢文・官舎盧銘の官をそれぞれ一級陞し、得雲等は斬首せしむ。

とある。さらに、嘉靖三十八年（一五五九）十二月戊戌朔（一日）に、

〔史料24〕

山西、虜諜張進挙等二名を獲す。守臣、以て聞す。詔して守備蘇来后等をそれぞれ一級陞し、僉事劉光遠には銀二十両を賞し、副使張禩は十両とす。進挙等は会審して処決す。

とある。

以上の〔史料22〕〔史料23〕〔史料24〕は、いずれも山西三関鎮下の軍事機関が、モンゴル諜者を擒獲した事例と見なしてよいであろう。〔史料22〕の王崇、〔史料23〕の関煦に対する陞級は、巡撫退任後に行われたようである。というのは王崇が山西巡撫を務めていたのは、先に〔史料14〕に関して触れたように、嘉靖三十二年（一五五三）十二月から三十五年（一五五六）六月までの間であったし、その王崇の兵部への転出をうけて山西巡撫に着任した関煦は、翌嘉靖三十六年（一五五七）五月には戸部右侍郎となり、山西

三関鎮を去ったからである。したがって、王崇には転出して四カ月後に、関眗には五カ月後に、それぞれ禄一級陞格の処置がなされたことになる。

以上によって、『世宗実録』中のモンゴル諜者擒獲の事例について、ほぼ掲出しえた。全二十四事例から抽出できる特徴について概括的に見ておくことにしよう。

まず、モンゴル諜者を擒獲した機関、擒獲されたものの氏名等、その処罰について纏めると、つぎのごとくである。

番号	擒獲機関	被擒獲者	処理
1	官軍	太監喜寧の家奴、忠勇伯把台麾下の指揮使安猛哥	斬
2	大同鎮巡邏軍	太監郭敬の家人把伯、義州衛の軍王文	錦衣衛鞫す
3	居庸関	鎮守独石内官韓政の家人劉玉	厳錮
4	偏頭関	虜の諜者	錦衣衛鞫す
5	鴈門関	有る僧	法司鞫す
6	陝西	張尚仁等五人	斬辺に梟す
7	耀州同官県	何万良等五人	梟示
8	山西	張彦花等十二人	辺に梟示
9	山西	恵彬・白言兎等	梟示
10	京営	黄鉞	

11	錦衣衛	趙龍等六人	市に梟す
12	大同鎮	魏鎖住	辺に梟示
13	山東臨清州	虜間一人	
14	山西鎮	白世傑・馬元及・潘雲等十九人	斬辺に梟示
15	宣府鎮	張于庫	斬首梟示
16	宣府鎮	把禿等四人	斬首梟示
17	昌平鎮	麻廷遊・喬鉞等	斬首梟示
18	大同鎮鎮辺城	劉保	斬梟示
19	大同鎮	梁廷才等二十一人	斬梟示
20	宣府鎮	羊羔子	斬首梟示
21	陝西鎮	楊捨良等	斬首梟示
22	山西鎮	辛正申・張欽	会審詳決
23	山西鎮	白得雲・呉通等	斬首
24	山西鎮	張進挙等二名	会審処決

この一覧表によると、モンゴル諜者として活動したものたちは、若干の例外を除いて、圧倒的に漢人が多かったことが知られる。かれらが、モンゴル側の諜者として活動する前提としてのモンゴルへ隷属するに至る由来については、土木の変前後に関していえば、

①土木の変の際にモンゴル軍の捕虜となった。
②その前後の戦闘においてモンゴル軍の捕虜となった。
の分類が可能であり、嘉靖時代の事例に関しては、
③自らの意思で長城を越えてモンゴルに逃入した。[38]
④モンゴル軍の侵寇によって捕虜となった。
の可能性が想定される。しかし、実際問題としては、〔史料1〕～〔史料24〕それぞれの事例と、①～④それぞれの分類との対応関係を、どのように切り結ぶことができるか、その判断は困難である。

そのような状況の中で、確実にその対応関係を確定できるのは、わずかに〔史料1〕－①、〔史料2〕－②だけである。〔史料6〕以下の嘉靖年間の諸事例においては、「③自らの意思で長城を越えてモンゴルに逃入した。」「④モンゴル軍の侵寇によって捕虜となった。」の分類に、それぞれ対応するものと思われるが、それを確定するまでには至らない。

このように、明軍の擒獲事例とモンゴルへの隷属の由来との対応関係を確定することは、甚だ困難であるとはいえ、モンゴル諜者に仕立て上げられたものたちは、もともと漢人であった場合はもちろんのこと、〔史料1〕に見える明に仕えていたモンゴル人（忠勇伯把台麾下の指揮使安猛哥）も含めて、いずれも中国語が使用できるという特性を有した。[39] モンゴル語能力が、中国の北辺で対モンゴル諜報活動に従事した明の「夜不収」に必要な武器であったように、それとは逆に、中国の北辺や内地で対明諜報活動を行うモンゴル諜者としては、中国語能力は必須であった。そのためには、モンゴル人に中国語を学習させて、かれら

を対明諜報活動に投入するよりも、モンゴル軍が捕虜とした明人を諜者に仕立て上げることの方が、より手っ取り早い諜者確保の方法であった。

〔史料1〕～〔史料24〕を通観して、看取されるモンゴル諜者としての漢人の多さは、単に史料残存の偶然性や擒獲事例の偏りによるものではなく、その実態を十分に反映したものであったと思量される。

明側が擒獲したモンゴル諜者に対して、極刑をもって処したのは、軍事情報の漏洩という重大性もさることながら、かれらが漢人でありながら、敵対するモンゴルの諜者として、対明諜報活動に従事したという、その漢奸的利敵行為に対する嫌悪感も、かなり加味されてのことであろう。極刑に処すること、それはまた、未だ擒獲されていない漢人のモンゴル諜者に対する威圧的抑止的効果をも期してのことであった。首を晒す場所が市であったり、北辺であったりの違いはあるものの、事例の多くが、「斬首して梟示す」であったのは、明廷のモンゴル諜者に対する苛烈な姿勢を示すものであった。

「斬首して梟示す」という文言の外、「会審詳決」、「会審処決」という文言があるが、これらも死刑を行うことである。したがって、個々に挙例した全二十四事例のなかで、〔史料3〕の「厳錮」、〔史料4〕の「錦衣衛鞫す」、〔史料5〕の「法司鞫す」とある事例は、その後の処理について言及していないけれども、その最終処理は、他の事例同様、斬首であったものと思われる。そうでなければ、刑量の面で著しく均衡を欠き、刑の運用が深刑であったり、そうでなかったりと恣意的であるという誹りを免れないからである。したがって、刑罰の運用は、終始一貫したものであったと見るのが自然であろう。とすれば、〔史料3〕の「厳錮」、〔史料4〕の「錦衣衛鞫す」、〔史料5〕の「法司鞫す」の事例だけでなく、その処理法の記載のない〔史料10〕〔史料13〕の事例も含めて、これらの事例における最終処理は、極刑であったと見るべきであろう。

その極刑に至る手続きに関してであるが、モンゴル諜者を擒獲した機関は、必ず皇帝に上奏した。上奏せず、現地の擒獲した機関が勝手に行刑するということはなかった。以聞（上奏）して皇帝が行刑を指示し、現地でその処刑を実行するというのが、モンゴル諜者に対する最終処理に至る手続き過程であったのである。このような擒獲から行刑に至る過程において、看過できないのは、擒獲したモンゴル諜者に対する〔史料4〕に「錦衣衛これを鞫す」、〔史料5〕に「命じて法司に付してこれを鞫す」と見える明側の取り調べであった。これは、罪状を確定するための取り調べというよりも、諜者の把握しているモンゴルに関する情報を吐露させるものであった。それをもって明の対モンゴル戦略に役立たせるということができたからである。これについては、後章にて言及することにしたい。

以上、明の軍事・行政機関が擒獲したモンゴル諜者について、紙員を費やして贅語を重ねてきた。モンゴル側から、中国の北辺・内地にその都度送り込まれて、対明諜報活動に従事した、あるいはしようとして擒獲された諜者の多くは、中国人であったことがわかる。かかる諜者と同じように、奸細なるものも、モンゴルの対明諜報活動にかかわり、その多くは中国人であった。次節においては、この奸細について検討しよう。

二　奸細なるもの

（1）奸細と姦細と

奸細は姦細とも書く。奸はもと姦の俗字で、主に「よこしま」の意味に用いるという。細は細作の細である。細作とは、細間・間細等ともいわれ、古来、間諜・諜者を指す語として用いられてきた。奸細は、奸なる細作（細間・間細）を意味するものとみて、誤りないであろう。『明実録』におけるその表現は、奸細・姦細の他、奸人・細作等多様である。本章では、これらを同一の存在形態と見なすことにして行論する。

さて、『明実録』においては、奸細の記事の出現は早く、例えば、『太祖実録』呉元年（一三六七）七月庚寅（二十二日）の条に見える。これは、方国珍が朱元璋に降ってきた時に、朱元璋が与えた書である。この書の中で、

> 張士誠は、爾と壌地相い接す。爾を取ること甚だ易し。然れども敢えて兵を爾に加えざる所以は、誠に吾が力の能くこれを制するを以てなり。爾、故に以て海隅に安処するを得るなり。坐して三郡の富を享《う》くるは、これ我、大いに爾を庇えばなり。爾乃ち自ら祥ならざるとなし、信義に背棄し、時に奸細を遣わし、我が動静を覘《うかが》い、潜《ひそ》かに陳友定と結び、以て相い援けんことを図る。彼、自ら救うに暇あらず、何ぞ人を救うに暇あらんや。爾、何ぞこれに惑わさるること甚だしきや。

と、朱元璋は、方国珍を激しく詰《なじ》っている。奸細は、方国珍が朱元璋軍の動静を探るために放った間諜であったことが知られる。

洪武帝は、即位の前年に当たるこの年（呉元年）に律の制定を命じ、翌洪武元年（一三六八）に公布した。この『大明律』は、その後、洪武七年（一三七四）、洪武二十二年（一三八九）、洪武三十年（一三九七）に改修され、現在一般に流布しているのは、最後の洪武三十年律であるが、この中にも、奸細に関する条項がある。巻第十五、兵律三に、関津計七条の一つとして、「盤詰姦細」という条項があり、それに、

凡そ縁辺の関塞及び腹裏の地面、但境内の姦細の消息を外人に走透し、及び境外の姦細、境内に入り事情を探聴する者有らば、盤獲して官に到らしめ、須らく接引起謀の人を鞫問するを要《もと》め、実を得て、皆斬とすべし。

とある。この条項について、嘉靖時代に刑部郎中であった雷夢麟は、その著『読律瑣言』の中で言及し、

瑣言して曰く、境内の姦細は中国の人なり。消息を外国に透漏す。故にこれを境内の姦細と謂う。境外の姦細は外国の人なり。境内に入りて消息を打探す。故にこれを境外の姦細と謂う。(40)

と述べ、境内の姦細と境外の姦細の違いについて説明している。

両者の相違を単純に整理すれば、

①国内に居て明側の消息（様子・事情）を外国に漏らすもの

②外国から中国に来て明側の消息を探るもの

となるかもしれないが、しかし、その担い手まで①は中国人、②は外国人と限定することは、やや無理で

あるのではないかと思われる。明の軍事施設や京師に潜入して軍事・政治情報の収集に努めていて、明側に擒獲されたモンゴル諜者は、その多くが中国人であったように、国外からやって来て中国に潜入して、情報・諜報活動に従事した奸細の中にも、中国人は数多《あまた》いたのではないかと思量されるからである。境内姦細・境外姦細の違いは、民族的相違ではなく、行動様式の相違、すなわち中国内地に居ながら情報・諜報活動するものと外国から中国に潜入して来て活動するもの、との相違に求めるべきであろう。

さて、明代史研究において、奸細について最初に検討されたのは、吉尾寛氏の「明末における流賊の『奸細』について」(『名古屋大学東洋史研究報告』第七号、一九八一年)[41]においてであった。厳密に言えば、本論稿は、奸細に関する唯一の専論である。この論稿は、題名でもわかるように、流賊に関する奸細に絞って考察されたものである。

奸細には、ここで考察されたごとく、李自成や張献忠のような流賊の手先となって活動した奸細もいれば、同時代においては満洲族と通じた奸細もいた。それより若干時代を溯って、嘉靖時代を例にとれば、倭寇の間諜となって明側の情報を探って、それを倭寇の首領に齎した奸細や、襲撃の際に倭寇を嚮導した奸細も数多いた。しかも、そのほとんどが中国人であった。倭寇の沿岸襲撃や海上における漕船襲撃時の中国人奸細の役割、並びに奸細の元の職業等出自にかかわる点については、副都御史総督漕運として倭寇の平定に功績のあった鄭曉や鳳陽巡撫として倭寇平定に尽くした李遂の上奏文を見れば、詳細に知ることができる[42]。

このように、奸細なるものは、明代一朝を通じて広く存在した。その内実・存在形態は、区々様々であった。したがって、奸細を分析の対象にするならば、奸細が関係したそれぞれの集団・勢力、例えば倭寇、満洲族、モンゴル族それぞれとの関係を個別的に検討する必要がある。

（2）姓名の判明するモンゴル奸細

モンゴルと通じて活動した奸細（以下モンゴル奸細と仮称する）が、いかなるものであったかを知る上では、姓名のわかる奸細を抽出することが肝要である。そうすれば、奸細としてモンゴルの対明諜報活動を担ったものの素性を知ることができるからである。

そこで、まず姓名の判明するモンゴル奸細の事例について検討することにするが、しかし、その事例は決して多くはなく、以下に掲出する数例しか持ち合わせていない。

〔史料a〕『世宗実録』嘉靖二十四年（一五四五）十月壬辰（三日）の条

是より先、大同の平虜・威遠・玉林・渾源・陽和・山陰の各草場相い継いで焚《や》かる。上、科臣李文進に命じて往きて勘《しら》べせしむるも、未だ報ぜず。たまたま虜中の姦人王義、辺に入り、胡峪口に至り、太原の邏卒の獲する所となる。（義）自ら言えらく、虜酋青台吉、これをして山陰に入り放火せしむ、と。守臣、験して其の嚢中に火を得、これを具奏す。義は斬に論ぜられる。

これは、嘉靖二十四年（一五四五）に大同方面の各草場で起きた放火事件の中、山陰の草場放火に関係したとして擒獲された奸細の事例である。モンゴルの酋長青台吉が派遣したこの王義なる姦人が、中国人であったことはその姓名から見て疑う余地がない。この王義なる姦人は、各草場における放火事件の調査に遣わされた科臣（吏科給事中）の李文進[43]の報告が、北京の中央政府に届く前に、まさしく偶然の出来事であったが、太原の邏卒に擒獲されたのであった。

ところが、後に李文進の報告が上呈されたことによって、一連の放火事件の意外な真相が明らかになった。実は、放火は、姦人王義の仕業ではなかった。李文進の報告によれば、これらの放火事件は、大同の代王府に繋がる和川王府と襄垣王府主導の陰謀の絡んだものであった。和川王府は、正統十一年（一四四六）十二月十二日に薨去した太祖の第十三子代簡王桂の後を承継した庶長子隠王仕壥の第四子に始まる。一方襄垣王府は代簡王桂の第五子に始まる。[44]このような来歴を持つ両王府の朱充灼・充燉等は、モンゴルの小王子を引き入れて大同を占拠させようとした。その約束を取り付けるために衛奉等四人を派遣するとともに、門客・門四・李錦等に神機箭なるものを授けて各草場を放火させようとした。しかしながら、門客等が捕まり、尋問されると、以上のような内容の不軌の謀事を自供したのであった。門客等が、蓄えられた草束に火をつけて、その火を積芻の間に置いて逃走したとき、たまたま王義もまた放火すべく夜陰に紛れて山陰草場に潜入した。ところが、すでに火の回っているのをみて直ちに逃げ出したが、機敏に追捕した官司に擒えられた。王義本人は、なぜ火災が起きているのか、その理由が皆目わからなかったけれども、嚢中に火具を有しているということから、犯人と疑われても釈明できなかった。そのため、当初王義が真犯人と見なされたのであった。

その後、門客等の逮捕によって、真相が明らかになり、李文進が、事件の顛末を詳しく上奏した結果、[45]王義の冤罪は晴れたのであるが、それでも結果的には、「上、命じて王義を斬せしむ。」とあり、世宗は姦人王義を斬刑に処したのであった。王義は、一連の放火事件の真犯人ではなかったけれども、夜陰の暗闇を利用して山陰の草場に侵入し、放火しようと企図していたことは、紛れも無い事実であったから、斬という極刑に処せられたのであろう。

ところで、和川王府・襄垣王府が企図したこの事件が、単純な放火というようなものではなく、モンゴル小王子の入寇を誘っての大規模の謀反であったことが露見したのは、その誘引工作を担わされた衛奉等四人が、大同総兵官の周尚文に擒獲されたからであった。翁万達の「姦細を盤獲するの疏」と「逆党の重犯を計獲するの疏」(『翁万達集』巻五)は、このとき審取された衛奉等四人の口詞に拠って周尚文が作成した報告に基づいて、翁万達が上した奏文である。これらによると、朱充灼等から命ぜられてモンゴル軍誘引工作を担った衛奉等四人そのものが姦細として見なされており、「姦細衛奉等四名」という表記が畳出する。二つの上奏文を突き合わせると、姦細衛奉等四名の中、残りの三人とは、劉天聚・王儒・寧小子というものであったことが判明する。

二つの上奏文からはこの他、様々なことがわかるが、この謀反にかかわった王府を挙げると、和川王府・襄垣王府の他に、昌化王府・潞城王府の名を見いだすことができる(46)。嘉靖二十四年(一五四五)における大同各草場で起きた放火事件は、山西各地の王府が連合して企図した謀反の一端であったという意外な真相が明らかになり、明廷でも対王府政策が切実な問題として論議されることになる。その問題は、ここでは主題から離れるので、〔史料a〕に関連する論述は、ここら辺りで止めることにするが、専論をもって考究すべき研究テーマではある。

〔史料b〕『世宗実録』嘉靖三十三年（一五五四）五月辛酉（二十二日）の条

陝西守臣奏すらく、虜中の奸細高登等七人を捕得す、と。詔して斬し、以て徇う。

このときは、どのような経緯で擒獲するに至ったのか、詳細はわからないが、ともあれ中国人にしてモンゴル奸細の高登等七人が擒獲されたということである。

〔史料c〕同書、嘉靖四十二年（一五六三）十一月甲辰（二十九日）の条

刑部尚書黄光昇、遂に言えらく、通罕は辛愛と結親す。原《もと》より境外の奸細たり。選乃ち其の父子をして監内に輪置せしむ。通虜の謀を致すは、是れ選、実にこれを啓《ひら》くなり。宜しく境外奸細の入境して事情を探聴し、接引起謀するの律に依りて斬にすべし。

刑部尚書黄光昇が斬刑に処すべしと上奏した、その対象たる通罕は、兀良哈三衛の一つである朶顔《ダヤン》衛の長であり、アルタンの子辛愛の妻の父であった。モンゴルと婚姻関係を結んでいたのである。

かかる通罕がなぜ明軍に拘留されるにいたったのか、本事件のあらましは、つぎのごとくであった。

嘉靖四十二年（一五六三）五月、古北口の守将が哨卒四人を出塞させたところ、朶顔衛に擒獲された（撲殺されたものもいたようである）。そのような事件を起こしておきながら、通罕はにわかに関を叩き賞を求めてきた。そこで、副総兵胡鎮は兵を伏せて通罕を執え、併せてその党十余人を捕縛した。そのため、通罕の子は、擒獲した哨卒を擁して牆下に至り、その父通罕と交換せんことを請うた。薊遼総督の楊選は、辛愛を牽制するために、拘禁していた通罕を返す代わりに、その子の入質を要求した。以後、通罕の諸子は半歳ごとに交替で質となった。楊選は、この処置を上奏以聞し、自らその方略を誇った。これによって、

楊選・巡撫徐紳等はともに賞を受けた。

ところが、十月、このような楊選の処置に対して甚だ恨みを抱いた兀良哈三衛は、アルタンの勢力を嚮導して入寇した。とりわけ、辛愛と把都兒等は大挙して押し寄せ、長城を破って侵入して来たので、京師では戒厳体制が敷かれた。この事件は、京師を震撼させることとなったのであった。北直隷の順義・三河は、モンゴル軍に大掠された。モンゴル軍侵入に対する楊選の対応に対しては流石に、世宗嘉靖帝自身も、疑問を抱き、閣臣の徐階に問いただした。徐階は、楊選の防衛作戦の稚拙をあけすけに批判したので、世宗は楊選に対する悪感情を抱くこととなり、給事中李瑜が弾劾すると、それを切っ掛けに、楊選等はただちに詔獄に下されたのである。(47) 結局、楊選以下に対しては、

総督楊選	市に斬し梟首して辺に示す
妻子	流徙
巡撫徐紳	死を論じて獄に繫ぐ
副使盧鎰	謫戍
参将馮詔・胡燦	謫戍
遊撃厳瞻	謫戍

という厳しい処置がなされた。(48)

さて、このように薊遼総督楊選以下が罪を被ることになった辛愛等モンゴル軍の対明侵寇の、そもそもの発端は、通罕と辛愛との婚姻関係を逆手に使って、対モンゴル防衛に生かそうとしたことにあった。結

果的には、その目論み通りには行かず、失敗したのであった。この事件に一枚咬んだ朶顔衛の通罕について、明側では、少なくとも刑部尚書黄光昇は、境外の奸細と認識していた。それは、モンゴルの対明侵寇の際には、通罕が往々にして兀良哈三衛の嚮導をも含めた関与をしていたからであろう。刑部尚書黄光昇の、「宜しく境外奸細の入境して事情を探聴し、接引起謀するの律に依りて斬にすべし。」という意見は、まさしく『大明律』巻第十五、兵律三に、関津計七条の一つとして上げられている「盤詰姦細」の条項の適用を主張したものであった。しかしながら、これは、境外奸細たる通罕に対する適用を主張したものではなかった。モンゴル軍の侵寇という事態を引き起こした楊選に対する適用であったのである。

なぜならば、刑部尚書黄光昇の上奏のなされた嘉靖四十二年（一五六三）十一月よりもほぼ半年前に、通罕は、楊選の手によって、その子を質とすることを条件に、兀良哈に返還されていたからであった。したがって、刑部尚書黄光昇が「接引起謀」の罪を問うたのは、楊選に対してであって、奸細と認識された通罕に対してではなかったといえよう。

奸細・姦細とやや異なる表現であるが、姦逆と称謂されたものもいた。『世宗実録』嘉靖三十四年（一五五五）七月乙未（三日）の条に、つぎのようにある。

〔史料d〕

巡按直隷御史李鳳毛言えらく、虜酋俺答等しばしば宣府を犯し、幾ど居庸を震わし、しばしば大同・紫荊の諸処を擾す。蹤跡の詭秘なるは、皆姦逆丘富・趙全・周原等これがために謀ればなり。諸姦は悉く華人にして、白蓮教術を以て民を惑わす。恐らくは禍の本とならん。

嘉靖期の三十年代にモンゴルに没入した白蓮教徒とその活動については、野口鐵郎・萩原淳平氏によって詳細に研究されている。(49) 今、それらの研究に拠って、姦逆と称謂された丘富・趙全・周原の素性に触れておくと、丘富は大同左衛の舎人、趙全は陽和（山西）の出身、周原は黄岡（湖広）の人で罰せられて大同で兵役に服していたが逃亡した、という。かれらは、いずれも大なり小なり、讖緯の学を識り、神霊の術を心得ていた。この方面から、丘富等はアルタンの寵を得ることに成功した。丘富等はアルタンに信用されればされるほど、機会あるごとに事を構えて中国侵入を誘導することに努めた。もともと、かれらは長城付近にあって、モンゴル軍の侵入の防衛に携わっていただけに、立場を変えての中国への侵入に際しては、明側防衛軍の弱点も欠点も熟知し、それに応ずべき攻撃法を巧に用いたのであった。このように、かれらは、モンゴル側にとっては重宝な存在であったが、しかし、明側にとっては甚だ厄介な存在であったので、ついに懸賞金を提示して、かれらを斬獲したものは、その首従を問わず、指揮僉事を授け、賞銀として三百両を与えることにしたのであった。(50)

〔史料e〕葉盛「軍務疏」（『皇明経世文編』巻五十九、葉文荘公奏疏所収）

比ごろ聞く、逆賊の来るは、奸細の李譲・喜寧の輩の如き、これを誘えばなり。曰く、中国ひとたび土木の潰に遭うや、士馬耗せり、人心去れり、大いに物、手に唾して得るべきなり、と。

葉盛は、正統十年（一四四五）の進士、官は吏部左侍郎に至った。正統・景泰・天順・成化の四朝に歴仕し、三十年という長きに亙って官人生活を送ったので、政事に熟悉した。その著『水東日記』は、著名である。葉盛は、永楽十八年（一四二〇）の生まれであるから、土木の変の発生時には、三十歳であった。

その葉盛は、モンゴル・エセンのもとにいた李譲・喜寧を奸細と認識していた。喜寧は、別稿で詳論し、(51)また本章（一）でも簡単に触れたように、もと御用監太監であった。喜寧は、土木の変以後捕囚の人となった英宗とともにモンゴルに拉致され、やがて反明的行動に終始した。そのために、喜寧は、モンゴル抑留中の英宗にとっても、明側にとっても甚だ厄介な存在となり、英宗と明側との連繋による謀略作戦によって擒獲され、磔刑に処せられることになった。そのような喜寧の行動様式が、葉盛の目には、まさしく奸細と映じたのであろう。

さて、それでは、喜寧とともに奸細と見なされた李譲は、どのような人物であったのであろうか。おそらく、袁彬題本、正統十四年（一四四九）八月二十一日の条に出てくる通事の指揮李譲のことではないだろうか。やや長いが、訳文を掲出しよう。

早朝、大同の西門に至って交渉した。お上（英宗）はまた忠勇伯を城下に行かせたが、城中の者は信用しなかった。そこで、お上は臣（袁彬）を派遣して自ら馬に騎乗して城下に行かせた。袁彬は、跪いて、「我は字を書いた校尉であり、駕牌があるので照合せよ。我れの原籍は江西人であり、そこにおられるのは本当に皇帝である。土木にいた時、軍馬は尽く也先に殺され、逃げ散った。吊橋を下して我を入れてほしい。」と言った。臣は城に入り、劉安・郭登・沈固・霍瑄に見《まみ》えた。多くの官人の協議は長く、その間臣を留めて城に居らしめた。劉安は城を出てお上に見え、慟哭した。お上は、「城内にモンゴル語の出来る通事がおれば、一人よこせられるか」と問われた。劉安は、「通事の指揮李譲がおります。お言葉に従い、かれがすぐに城をでます」と答えた。劉安が城に入り、臣を遣わして城より出させた。臣がお上に見えると、又、お上は臣に入城して李指揮を連れてくるように命ぜられた。李指揮は、「私の娘は許されて大同王と縁組している。もし今彼に与せず、私が出て行けば、彼はきっと我を殺すであろう」と言った。臣は李譲の腰にとりすがり、「皇帝は門外にあるのに、なぜ行かないのか」と言った。劉安もまた、「私はお上の前で、『お前が行く』と申し上げた」と言った。ついに臣は李指揮とともに城を出てお上に見えた。得知院等は、「我が太師也先は曾て『我はどうして南朝を征伐する力をもっていようか。ただ天は我をして皇帝と一回会わせしめたにすぎない』」と言った。李指揮は、官人（得知院等）に、「あなたがたの話には自然の道理がある」と言った。得知院等は城下に来たり、臣に命令してお上の御前で羊酒賞賜を索《もと》めた。この日、劉安等は大小の官員とともに城を出て、お上に拝謁し、羊酒等物を献上した。お上は、「大同にはどれだけの銭粮があるか」と問われた。劉安は、「十四万両の銀子があります」と答えた。そこで、臣に銀一万両を取りに行かせ、五千両を也先に与え、五千両を得知院等三人に与えた。モンゴル人は又、軍馬にも賞賜を求めたので、お上は臣を再び城に入れ、銀五千両を取ってこさせ、モンゴル人に分け与えた。

これは、その月日から知られるように、土木の変直後のことであった。明廷からモンゴル側への英宗回鑾を求める申し入れを引き出すべく、モンゴル側が、英宗を擁して大同に現れた時のことであった。

袁彬題本のこの記事に、李譲は、「私の娘は許されて大同王と縁組している。もし今彼に与せず、私が出て行けば、彼はきっと我を殺すであろう」と言い、英宗のもとで通事の仕事をすることを拒否した、とある。これからほぼ一カ月を経た頃、李譲は、明廷にとって、頭痛の種的存在となった。『英宗実録』正統十四年（一四四九）九月丙申（十九日）の条には、大同総兵官都督同知郭登と副都御史朱鑑の上奏文がそれぞれ載せられている。まず、郭登の上奏文では、

通事指揮李譲、講和を以て由と為し、潜かに也先と結び、幼女もて也先の弟大同王の児婦と為さんことを約許す。又密かに也先の賞馬四匹・被虜の婦女二口を受け、各城の指揮の姓名を将て尽く也先に報与す。又、上皇の聖旨を詐伝し、臣をして也先と相見せしむ。又、擅に也先に許すに、口外の城池を以てす。臣已に譲を此に羈留す、と。

と述べ、李譲の反明的行動について具体的に報告している。朱鑑もまた、

也先許するに、譲を以て知院と為し、大同に鎮守せしむ。譲、也先をして上皇の勅書を詐為せしめ、皇上は正位に当たらず、也先必ず来たりて朕がために讐に報いん、と言わしむ、と。

と、郭登と同様に具体的に李譲の反明的行動について報告した。この二つの上奏文は、兵部に下されたが、兵部の覆奏は、

誅戮を加えんと欲すれば、恐らくは辺患を激しくせん。取りて赴京せんと欲すれば、恐らくは奔竄を致さん。宜しく郭登に令して密切に処置すべし。

という、はなはだ腰の引けたものであった。兵部のこの覆奏は、景泰帝の裁可をえたが、下駄を預けられた郭登が、拘留中の李譲をどのように処置したかは、不明である。ともあれ、〔史料e〕で葉盛が名指しした奸細の李譲とは、大同に拘留されていて、郭登が明廷からその処置を任された李譲と同一人物であろう。

なお、同時代、同姓とはいえ、鍾同（景泰二年〔一四五一〕の進士）の「大臣の辺事を以て念となさざるを論ずるの疏」（『皇明経世文編』巻四十七、鍾恭愍公疏所収）の中に出てくる山西楡次の李員外という人物がいるが、これは李譲のことではないであろう。定州署都指揮呉井等は、「達賊」二人を擒獲した。かれらは道臣のもとに送られ訊問された。その結果、二人はつぎのように自供したという。

也先、来たりて北京の軍馬は若何《いかん》なるか、臨清の買売は若何なるか、黄河の深濶は若何なるかを覘視せしめ、夏秋の間に、虜衆を大率して居庸関より入りて臨清に至り、徑《ただ》ちに河南に往くことを擬《はか》れり。且つ也先の帳下には多く南人有り。山西楡次の李員外の如きも亦、彼の処に在り、中国の虚実これを知らざる靡《な》し。

定州署都指揮呉井等に擒獲された「達賊」は、以上のようなエセンの企図とエセン配下の中国人の存在と活動を明確にしたので、本上奏文を上した鍾同は、

臣此の言を聞き、深く寒心を為す。しかるに朝廷の大臣、皆恬《てん》として意に介さず。

と述べている。これが、「大臣の辺事を以て念となさざるを論ずるの疏」という題名の大臣弾劾の上奏文を呈上するに至った動機であった。ちなみに、鍾同は、三十二歳の若さで獄死した。貴州道監察御史のとき、易儲問題で上奏して、景泰帝の怒りを買い、錦衣衛の獄に下されて残酷な拷問を受けたためであった。(52)

李員外の員外とは、贅語を弄するまでもなく、六部の官職の一つである員外郎のことであり、従五品であった。員外郎として、知り得た明朝内部の情報の提供は、エセンにとっては、その対明政策策定上、貴重なものであったであろう。逆に明朝にとっては漏洩防御の手立てのない損失であった。明朝にとってみ

れば、かかる李員外は、甚だ厄介な存在であったのである。葉盛が、奸細と見なした李譲なる人物も、李員外と同じような厄介な存在であったが、しかし李譲は指揮で武官、李員外は文官であるから、その官職に差異がありすぎ、李譲＝李員外と見なすことはできないであろう。

さて、もと御用監太監の喜寧のモンゴル抑留中の行動が、奸細と呼ばれるものであるならば、その喜寧に比擬された猴兒李なるものも、奸細と見なすべきであろう。

〔史料f〕毛憲「辺患を陳言するの疏」（『皇明経世文編』巻一九〇、毛給諫文集所収）

九、密に間諜を行うこと。今日の猴兒李は、即ち昔年の喜寧・小田兎《ママ》なり。己巳の変、喜寧、虜に降り、遂に嚮導と為り、其の長駆を嗾《そそのか》し、直ちに京城に薄《せま》れり。小田兒も又、畫計を為して、以て臨清の糧道を絶たんとす。比ごろ、少保于謙の計を設けて、密かに将官に授け、二人を擒殺し、虜の遂に寧息するを得《し》れり。竊に料《はか》るに、猴兒李は虜人の謀主たり。豈に京城に薄り、糧道を截つの図りごと無からんや。臣、謂うに、此の人除かざれば、則ち虜患未だ已まず。今、宜しく密かに軍中をして其の姦細に因《した》しみ、巧に反間を行わしむるべし。

毛憲は、正徳六年（一五一一）の進士、官は刑科給事中に至る。生年は、成化五年（一四六九）であったので、己巳の変、すなわち土木の変は、毛憲が生まれる二十年前に発生した事変であった。したがって、エセンのもとで蠢動した喜寧や小田兒のことを直接知っているわけではなかった。喜寧の擒獲始末等のことについて知り得たのも、（本人のレトリック的な表現でなければ）この上奏文を見る限りでは呈上される直前のことであったようである。それにもかかわらず、毛憲が猴兒李のことを喜寧や小田兒になぞらえているのは、同時代の人物としての猴兒李の行動様式と知識として知り得た喜寧・小田兒のそれに類似性を見出したからであろう。したがって、毛憲の提案である「今、宜しく密かに軍中をして其の姦細に因《した》しみ、巧に反間を行わしむるべし。」という文言の「其の姦細」とは、猴兒李本人を指称していると断定しても誤りない。その猴兒李に明側の間諜を近づけて親しませ、反間を行わせようと提案したのであった。反間とは、『孫子』のいわゆる五間の一つで、二重スパイのことである。

それでは、猴兒李とは、一体どのような人物であったのであろうか。猴兒李というけったいな名は、むろん本名ではない。猴兒は、さるという意味である。さるを表現する漢語は数多《あまた》あるから、強いて特定化すれば、この場合は、オナガザル科のさるである。

本名は、李懐という。なぜ猴兒李と呼称されたのか、その面相が豊臣秀吉のようにさるそっくりだったのであろうか。それとも、猴兒には知恵・思案という意味もあり、李懐自身がモンゴルにおける「知恵袋の李」をもって任じ、そのように自称していたのであろうか。自称の可能性、他称の可能性、いずれもあるというべきであろう。

その猴兒李の素性を知る好箇の記述が、『武宗実録』正徳十一年（一五一六）八月丁巳（八日）の条にある。

猴兒李なる者は即ち李懐なり。指揮なるを以て戦い、敗れて虜に降る。兵部、嘗て其の子勇并びに家属を湖広に遷し、以て其の帰順を覬《のぞ》まんことを議す。是に至りて、辺患愈々急たり。諜者を獲する毎に、皆曰く、猴兒李は虜営に在りて、称して平章と為し、諸部落、其の号令を聴く、と。兵部、勇并び家属を執え、京に至らしめ按治せんことを覆議するも、詔して旧に仍りて安置せしむ。

猴兒李すなわち李懐は、「指揮なるを以て戦い、敗れて虜に降る」というから、もとは明のいずれかの衛（恐らくは北辺に設置された衛であろう）の指揮使であったが、モンゴル軍と戦って敗れたため投降して、いまやモンゴルで隠然たる力を持ち、それを振るっていたことが知られる。〔史料e〕に引用した、「猴兒李は虜人の謀主たり。豈に京城に薄り、糧道を截つの図りごと無からんや。臣、謂うに、此の人除かざれば、則ち虜患未だ已まず。」という毛憲の言は、決して杞人天憂に等しい心配事ではなかったのである。

ともあれ、猴兒李の存在は、明朝にとっては甚だ厄介なことであった。そのため、明廷では、猴兒李の首に賞銀を懸けた。前掲『武宗実録』の同条に、

> 猴兒李を擒致する者は、首従皆指揮使世襲を授け、銀二千両を賞し、仍お其の家産を以て之に給し、陣に就きて擒斬する者は錫《たま》うに爵賞を以てす。

とある。猴兒李を擒獲すれば、その際の立場、首従のいずれを問わず、世襲の指揮使職と銀二千両を与え、かつ猴兒李の家産を与えるという。戦場で擒斬すれば、爵号を授与するという。擒斬したならば、爵賞を賜与するというから、爵号と擒獲の際の賞つまり銀二千両の両方を与えるという意味であろう。

この爵号プラス銀二千両という勧賞は、土木の変後におけるエセン・喜寧、嘉靖時代倭寇王と称せられた王直のそれに比べれば[53]、かなり低額というべきであるが、懸賞金を設けること自体、明廷が猴兒李の存在を厄介に思い、悩まされていたことの証左である。

その猴兒李が、その後どのようになったのか、その行く末についてはわからない。

〔史料g〕曾忭「愚見を陳べ以て内叛を平らげ外虜を防がんとするの疏」（『皇明経世文編』巻二三〇、曾都諫奏疏所収）

近ごろ、該総制宣大兵部左侍郎劉源清の題して姦細李彦を捉獲するの為にす。

劉源清は、正徳九年（一五一四）の進士。総制宣大山西保定諸鎮軍務に就任したのは、嘉靖十二年（一五三三）であったから、[54] 李彦なる姦細が擒獲されたのは、それ以後のことであったことになる。残念ながら、李彦の素性については、知るところがない。

最後に、楊一清（成化八年〔一四七二〕の進士）の「奸細を捉獲するの賞罰を申明する事の為にす」（『関中奏議』巻四、所収）という上奏文を紹介する。この上奏文は、『皇明経世文編』巻一一五、楊石淙文集二にも収録されているが、それは、大幅に節略がなされて欠落部分が多い。左の引用箇所も、その欠落部分に相当する。

〔史料h〕

固原兵備副使陳珍の呈開に拠りて、姦細犯人李馬目・朶兒只の虜情を供状するの縁由を審得す。……。弘治十七年八月十八日、蘭州、奸細狗才、漢名任趙保を捉獲す。本年十一月二十日、曲子城堡、奸細阿力、的名喬夏家兒を捉獲す。本年十二月十五日、固原州、姦細白五斤を捉獲し、静寧州、奸細二名、沙卜・張文寛を捉獲す。弘治十八年正月初一日、静寧州、奸細二名、火者兒即哈狼、漢名呉栄、王哈剌丁、漢名胡寛を捉獲す。本月初六日、合水県、奸細木森、漢名王三、僧名計来を捉獲す。本日、平涼衛巡捕千戸廖俊、奸細可介、漢名徐泰を捉獲す。本月十六日、固原州、奸細戴広を捉獲す。本月二

十一日、靖虜衛、奸細阿卜爾丁、漢名馬隆を捉獲す。本月二十八日、鞏昌府通安駅、奸細諸十的狗を捉獲す。本年二月内、慶陽府寧州襄楽巡検司、奸細劉家兒を捉獲す。

この上奏文の呈上者である楊一清は、嘉靖五年（一五二六）に、吏部尚書兼武英殿大学士をもって入閣し、のち首輔となるが、〔史料h〕は、それ以前の巡撫陝西等処地方兼督理馬政都察院左副都御史に在任中の時に上されたものであった。ちなみに楊一清の陝西巡撫在任は、弘治十七年（一五〇四）十二月から正徳元年（一五〇六）正月までであった。[55]〔史料h〕は、弘治十八年（一五〇五）六月に呈上されたものであるから、陝西巡撫に着任して半年後、時に楊一清五十歳であった。この上奏文に出てくる擒獲された奸細の姓名のみ掲出すると、つぎのようになる。

姦細犯人李馬目・朶兒只
奸細狗才、漢名任趙保
奸細阿力、的名喬夏家兒
姦細白五斤
奸細二名、沙卜・張文寛
奸細二名、火者兒即哈狼、漢名呉栄。王哈剌丁、漢名胡寛
奸細木森、漢名王三、僧名計来
奸細可介、漢名徐泰
奸細戴広

奸細阿卜爾丁、漢名馬隆
奸細諸十的狗
奸細劉家兒

姓名からみて明確なことは、漢人であったと見なされるものと、モンゴル人であったが漢名を持ったと見なされるものとに分類できることである。これら姦細と見なされて擒獲されたものたちの具体的な活動状況については、楊一清は言及していないが、ただ白五斤・呉栄（火者の兒即哈狼）・胡寛（王哈剌丁）・木森（漢名王三、僧名計来）・徐泰（可介）の五人については、「虜中より来る者」といっているから、通常はモンゴルに居住して、モンゴルのための反明的活動に従事していたものたちであったものと思われる。

以上、姓名の判明する奸細を抽出し、検討を加えてきた。もとより管中豹を窺うような零細な抽出事例であり、さらに博く史料を渉猟すれば、さらなる事例の積み上げは可能であろうが、いまは右に掲出した若干の奸細事例を手掛かりに、ごく簡単に整理しておきたい。

〔史料a〕～〔史料h〕に関連して抽出した姓名の判明する奸細は、その多くが明人であった。それは、必ずしも明人＝中国人を意味するわけではない。種族をいうのではなく、本来の活動舞台をいっているのである。〔史料b〕朶顔衛の長通罕は、モンゴル系の兀良哈人であるから、これは別であるが、それ以外の、例えば喜寧のように、種族的にはモンゴル人であったとしても、明国内に居住している時は、先に触れたように、宦官二十四衙門の一つである御用監の太監であったので、漢人ではないけれども明人と見なし得ると思うのである。そのような意味合いにおける明人というとらえ方である。とすれば、〔史料h〕

に見える明らかに非中国人と見られる狗才（漢名任趙保）、兒即哈狼（漢名呉栄）、王哈剌丁（漢名胡寛）、阿卜爾丁（漢名馬隆）のようなものたちも、本章でのいわゆる明人の範疇に入るのである。

これら明人の、奸細と称謂されるような行動・行為には、二種あったことになる。その一つは、例えば、姦人王義・高登等七人・丘富・趙全・周原・李譲・喜寧・猴兒李（李懐）・白五斤・呉栄（兒即哈狼）・胡寛（王哈剌丁）・木森（漢名王三、僧名計来）・徐泰（可介）のように、モンゴルに没入していて行動したものたちであり、もう一つは奸細衛奉・劉天聚・王儒・寧小子のように、明国内に居住しながら行動したものたちであった。

明側から奸細と称謂された明人たちは、このように中国の内から外から反明的行動をしたのであった。前引の雷夢麟『読律瑣言』の分類では、境外の奸細を外国から中国に来て明側の消息（様子・事情）を探るもの、境内の奸細を国内に居て明側の消息を外国に漏らすもの、というとらえ方をし、かつ前者を外国人、後者を中国人としているが、そのような単純な分類は、到底成立しないことが明白であろう。

（3）奸細の処罰と擒獲者に対する褒賞

明の軍事機関・行政機関が擒獲したモンゴルの諜者（その多くは明人であった）に対して、明朝が極刑で対処したことは、先に触れた。

それでは、奸細に対する行刑は、どのようなものであったのであろうか。姓名の判明するモンゴル奸細の事例で、行刑の状況が明瞭であるのは、〔史料a〕と〔史料b〕の二例のみである。〔史料a〕は、山陰の草場の放火事件の真犯人と見なされて逮捕された王義の事例である。その後の調査で、王義は真犯人ではないことが判明したが、放火を目的に現場に入り込んだことには間違いなく、結局は、斬に処せられた。〔史料b〕は、「虜中」の奸細高登等七人が擒獲され、斬に処せられた事例である。

この他、斬刑が施行されたわけではないが、〔史料d〕〔史料f〕の事例は、斬獲（擒斬）を目的に懸賞金を設けたものであった。〔史料d〕の事例は、アルタンの信用を得てモンゴル軍の侵寇を誘導した丘富・趙全・周原等に対するものであり、〔史料f〕の事例は、猴児李（李懐）に対するものであったから、最終目的は、かれらを斬に処するところにあったのである。

奸細に対して、このように極刑をもって、明廷が臨むのは、むろん『大明律』に「斬」と規定されていたからで、その遵用にほかならなかった。

ところで、明朝がモンゴル諜者に対するのと同様に、斬刑を適用した奸細の存在そのものについて、明の官人たちは、どのように認識していたのであろうか。秦紘（景泰二年〔一四五二〕の進士）という要職を歴任した人がいる。弘治十八年（一五〇五）に、年八十で逝去した時、襄毅と諡された、この秦紘は、弘治十四年（一五〇一）から十七年（一五〇四）までの三年間、戸部尚書のまま、右副都御史を兼ねて、陝西三辺の軍務を総制した。その間の功績について、「事に在ること三年、四鎮晏然し、前後の西陲を経略する者の及ぶ莫し」（『明史』巻一七八、秦紘伝）と称賛されている。前引の楊一清は、陝西巡撫に約一年在任した後の正徳元年（一五〇六）正月に総制陝西三辺軍務に陞転するが、それは秦紘の回部（戸部）によって空席となったのを襲ったものであった。

前説明がやや長くなったが、この秦紘は、奸細について、モンゴル人よりも、むしろそれを誘導する奸細の方を憎むべきであるという意見を披瀝した。これは、前引上奏文「奸細を捉獲するの賞罰を申明する事の為にす」の中で、楊一清が引用した秦紘の題本に見える文言である。それに、

官軍、達賊一人を生擒すれば、陞二級に該《あた》る。況んや達賊の入寇するは、奸細の以て蹤を発《すす》むるに由る。是れ奸細なる者は、達賊の情に比べて尤も悪むべし。しこうして捉獲する者は、賊を擒うるの功に比ぶれば、則ち有優と為さん。奸細を捉獲するの官員を、比例陞擢せんことを要《もと》む。

とあり、「達賊」の侵寇は、奸細が嚮導することに由来するのであり、悪むべきは、そのような行動をとる奸細であり、したがって、「達賊」を擒獲するの功よりも、奸細擒獲の功の方を優先すべきであるというのである。

このような意見、つまり奸細擒獲者に対する褒賞を厚くするべきであるという意見は、その後もしばしば出された。例えば、嘉靖二十二年（一五四三）正月に、兵部は廷臣を集めて会議し、その結果、「防辺二十四事」なる意見書を皇帝に奏上した[56]。その一つに、

一、請う、奸細を厳察し、能く捕獲する者有らば、陞賞は擒斬の例の如くし、並びに過ぐる所の官司を審べ、坐するに失察の罪を以てし、居民の容隠する者はこれを拏戮せんことを。

とある。①奸細の擒獲者に対する褒賞を重くすること、②奸細の通行を見逃した官員に対しては厳罰に処すること、③奸細を匿ったものに対しては死刑にすることの三点について、意見を集約して呈上したのであった。

嘉靖二十二年（一五四三）になって、このような意見が兵部の総意として上奏されたことは、ほぼ四十年前に出された秦紘の意見が、さほど実効性をもって実施されなかったからではなく、状況の変化、つまり嘉靖時代の「南倭」に比される「北虜」の旺盛活発な対明侵入、それを積極的に誘引する奸細の活動に対処すべく、兵部において重ねて意見集約された結果であろう。

ただ、奸細擒獲者に対する褒賞を重くすることは、別の問題を生み出した。褒賞を目当てに関係のない人間を奸細として擒獲するものの出現である。楊一清は、前引の上奏文の中で、そのことを懸念し、意《おも》うに、我が民、虜せられ、幸いに帰るを得るも、功を要むる徒、誣執して以て奸細と為す。

と述べている。むろん、『世宗実録』嘉靖二年（一五二三）十二月甲子（二十八日）の条に、

近年、各辺の奸民、虜中に逃入し、虜の奸細と為る者多し。比ごろ捕得し踪蹟を弁詰するに、又、詭詞して脱するを求め、窮むるべく莫し。

とあるように、自らの意思でモンゴルに没入して行き、奸細と称謂されるような行為・行動に走ったものたちも多かった。だが、その一方では、それとは対蹠的な存在として、モンゴルの明辺への侵寇の際に拉致された無辜の民も多かったのである。かれらが必死の思いで、命からがら中国に逃げ帰ると、それを奸細と決めつけて擒獲し、褒賞に与かろうとした陋劣なものも数多いたのであった。

たしかに、奸細か否か、その見極めはきわめて難しいことであったであろう。そのことが、楊一清の言う「功を要むる徒」の乗ずるところとなったのである。

それでは、奸細と称謂されるものの行動・行為とは、一体いかなるものであったのか、節を改めて検討

することにしよう。

三　諜者・奸細の行動と言説

(1) 諜者・奸細の行動

奸細の行動について検討するためには、まず、姓名の判明する奸細擒獲事例に依拠して、それら奸細の箇々の活動状況について整理する必要があるであろう。

〔史料a〕大同山陰の草場放火に関係したとして擒獲された姦人王義の事例である。この王義なるものは、モンゴルの酋長青台吉が派遣した中国人であった。ところが、さきにも触れたように、後に李文進の報告が上呈されたことによって、放火事件は、大同の代王府に繋がる和川王府と襄垣王府主導の陰謀の絡んだものであるという意外な真相が明らかになった。と同時に、和川王府・襄垣王府が企図したこの事件が、単純な放火というようなものではなく、モンゴル小王子の入寇を誘っての大規模の謀反であったことも露見した。それは、その誘引工作を担わされた姦細衛奉等四人が、大同総兵官の周尚文に擒獲されたからであった。

〔史料b〕中国人にしてモンゴル奸細の高登等七人が擒獲されたが、その活動状況については不明。

〔史料c〕兀良哈三衛の一つである朶顔衛の長であり、アルタンの子辛愛の妻の父であった通罕の擒獲事例である。境外の奸細と認識された。これに関連して、刑部尚書黄光昇によって、「宜しく境外奸細の入境して事情を探聴し、接引起謀するの律に依りて斬にすべし。」という意見が出された。

〔史料d〕嘉靖期の三十年代にモンゴルに没入した白蓮教徒で、姦逆と称謂された丘富・趙全・周原の事例である。丘富等はアルタンに信用されて、機会あるごとに事を構えて中国侵入を誘導することに努めた。

〔史料e〕土木の変後にモンゴル・エセンのもとにいた李譲・喜寧の事例である。対明撹乱工作、明朝の情報提供、モンゴル軍を嚮導しての対明侵寇等に努めた。

〔史料f〕猴児李（李懐）の事例。もとは明北辺の衛指揮使であったが、モンゴル軍と戦って敗れて投降し、明側から「猴児李は虜人の謀主」と見なされるほどの権勢を得た。

〔史料g〕李彦なる姦細の擒獲事例であるが、その行動については不明。

〔史料h〕弘治十七年（一五〇四）から翌十八年（一五〇五）にかけて擒獲された諸奸細の名が見える。その活動状況については不明であるが、通常モンゴルに居住していた奸細と明国内に居住していた奸細両方が混在している。

以上、〔史料a〕～〔史料h〕に見える擒獲事例をもとにその活動状況を整理していくと、奸細と称謂されるものの行動は、
①放火のような謀略作戦の遂行(57)
②モンゴル軍を誘引するための裏工作
③モンゴル軍の嚮導
④明朝の国内事情の情報提供

⑤モンゴルの軍事的展開の作戦参謀役
⑥対明撹乱工作

というように類型化されよう。これに加えて、情報の収集も、その一つであった。武宗は、正徳十五年（一五二〇）正月元旦を、南京で迎えた。南巡中の武宗の動静を探ることも、当然モンゴル奸細の役目であった。前年冬に、昌平鎮下の白羊口の守備軍は、武宗の消息を探る役目を担って長城内に入り込んだ奸細を擒獲した。『武宗実録』正徳十五年（一五二〇）二月庚申朔（一日）に収録された上奏文の中で、これを呈上した兵科都給事中汪玄錫等は、

去冬、白羊口の獲する所の姦細云う、虜、聖駕の消息を探らしめ、入寇を謀らんことを欲す、と。今日の警を観れば、則ち其の説信ならん。万一我が不備に乗じて、深く京師に入れば、其れ震動せざらんや、近京の諸郡其れ蹂躙せざらんや。

と述べている。モンゴルは、南巡のため皇帝不在の京師に侵寇しようとして、その前提として武宗の所在等様々な情報を探るために姦細を遣わして来たのであった。その半年後にも、白羊口の守備軍は、またしてもモンゴル側が派遣した姦細を擒獲した。同じく『武宗実録』の正徳十五年（一五二〇）六月戊寅（二十二日）の条に、

松柏林の達子、車駕の南巡するを以て姦細を遣わして辺を窺う。白羊口の守臣、これを獲し、状を以て聞す。宣大鎮巡等の官に詔して、武備を厳飭《げんちょく》し、警有らば、即《ただ》ちに相い救援し、怠るなからしむ。

とあり、これも武宗の南巡を、侵寇実行の絶好の機会ととらえて、情報収集のために姦細を遣わしてきた

のであった。これらの事例でもわかるように、姦細と称謂されたものたちの行動・活動は、種々様々であった。

姦細が、このように情報活動まで担ったとすれば、諜者とは、どのように異なるのであろうか。そこで、もう一度〔史料1〕～〔史料24〕に依拠して、モンゴル諜者の活動状況を示す文言を見てみよう。

〔史料1〕「虜、遁去するや、明年の春夏、復び入寇せんと謀り、故に三人の者を使いせしめて来り覘う。かつ猛哥に囑し、潜かに都指揮石連台の素より厚くする所の将軍を率いて内応を為さんことを約せしむ。」

〔史料2〕「喜寧、也先と議して遣わし京師に到り、城中軍馬の多少、大明皇帝の立つか未だ立たざるか、能無き人か能有る人かを覘て、今年五月を期して太上皇を送りて回し京城を奪わんことを謀る。」

〔史料3〕「也先、玉をして来り中国の軍馬の多少、石亨・楊洪の有無を窺覘せしむ。」

〔史料4〕文言なし。

〔史料5〕「潜かに鴈門関より入り、以て我が師の虚実を覘い、綃盗をなす。」

〔史料6〕文言なし。

〔史料7〕「虜酋、万良等四十四人を分遣して辺に進みて偵探せしめ、将に入寇せんとす。」

〔史料8〕文言なし。

〔史料9〕文言なし。

〔史料10〕文言なし。

〔史料11〕文言なし。

〔史料12〕文言なし。

〔史料13〕文言なし。

〔史料14〕文言なし。

〔史料15〕文言なし。

〔史料16〕「虜酋黄台吉、兵を独石辺外に駐し、其の諜把禿等四人を遣わし、内偵して滴水崖に至らしむ。」

〔史料17〕「北虜俺答黄台吉、諜の麻廷遊・喬鉞等を遣わして、内に詗い、天寿山に至らしむるも、守備太監賈堪の獲する所となる。」

〔史料18〕文言なし。

〔史料19〕「亡人にして虜諜となる者」

〔史料20〕「叛人にして虜諜となる者羊羔子」

〔史料21〕文言なし。

〔史料22〕文言なし。

〔史料23〕文言なし。

〔史料24〕文言なし。


以上、〔史料1〕～〔史料24〕に見える諜者の行動・活動を示す文言を取り出したが、「虜諜」等の用語によって、モンゴルの間諜であることは断定できても、その活動の内実を示す文言は、意外と少ない。それら少ない事例に共通するのは、情報収集活動である。対明侵寇の前提作業として、明国内の動向や動静を把握するための情報活動であった。モンゴルはむやみやたらに侵入して来たわけではない。まず、情報を収集し、その情報に基づいて侵入すべき場所・時期等を含めた作戦を策定したのであった。〔史料1〕には、明軍将校のモンゴル軍への内応工作を示す文言があるけれども、多くの事例が示すように、明側が諜者と称謂したものたちの主たる任務は、情報収集活動にあったように思われる。

とすれば、同じく情報活動をも任務とした奸細と諜者とは、どのように異なる存在だったのであろうか。奸細・姦細という云い方も、諜者・虜諜という云い方も、むろん自称ではない。それは、あくまでも明側の区別であり、認識であった。奸細の「細」は、まえに触れたように間諜・諜者を指す用語であり、大きく分類すれば、奸細・姦細も諜者・虜諜も、同じ範疇に入るものである。ただ奸細とか虜諜とか区別した用語を明代諸史料が用いていることは、同時代人には、両者にある程度の区別が認識されていたということの証しではないかと思量される。決して、法則性のない任意の表現ではないと思われるのである。

その区別とは、何であろうか。それは、何をもって主たる任務としたか、ということの区別あるいは差異ではなかろうか。なるほど、情報収集活動の点では、諜者も奸細も、共通にそれをおこなった。しかしながら、情報収集活動は、諜者にとっては主要な任務であったが、奸細にとっては、それは任務の一つであったにすぎない。さきに述べたように、①放火のような謀略作戦、②モンゴル軍を誘引するための裏工作、③モンゴル軍の嚮導、④明朝の国内事情の情報提供、⑤モンゴルの軍事的展開の作戦参謀役、⑥対明撹乱工作のように、その任務は多様であった。そのような活動内容の相違が明側に認識せられ、それが、ある人については諜者、ある人については奸細という、云わばレッテルを貼るかのような区別の仕方に反映していのではなかろうか。

一つの例として、モンゴルが対明侵寇を企てたとする。それには、中国人を含めた多くの人々が関与した。主なところを拾っただけでも、①その作戦の策定者、あるいはアドバイザー、②明国内に侵入して情報を収集するもの、③明国内に居て情報を提供するもの、④侵寇開始に伴う嚮導者等の関与が必要であった。やたらに突進してきたところで、それがうまくいくことはないのである。たとえ、万が一首尾よくいったとしても、それは単なる僥倖に過ぎない。侵寇作戦を開始するためには、モンゴル軍といえども、綿密な戦術・戦略を立て、それにともなう周到な下準備をしたのである。例えば、中国の虚実、道路の険夷を調査することなどは、最低限必要な要件であった。侵寇計画を起案した際には、右の①から④の関与が必要であったわけであるが、それを諜者と奸細の行動に当てはめると、①③④は、奸細と称謂されたものたちの任務、②は諜者と称謂されたものの任務といえるのではなかろうか。

したがって、明軍・モンゴル軍の間において戦闘が生じた時、明軍に奸細が擒獲されることがあるのは、偶然の出来事ではなかったのである。例えば、山西三関鎮軍が、嘉靖三十六年（一五五七）の冬から翌三十七年（一五五八）春にかけて、モンゴル軍と三度交戦した際には、合わせて二十三人の奸細を擒獲した。[58]明人・モンゴル人取り混ぜて奸細と称謂される人々が、嚮導等モンゴル軍侵寇の重要な任務を果たすべく軍中にいたのであった。奸細擒獲のことが上奏されると、世宗は、陝西三関鎮軍の総兵張承勛をはじめとする関係者に、褒賞として銀幣等を賜与したのであった。[59]奸細の擒獲は、明軍が単にモンゴル軍の偵察者を擒獲したような軽微な収穫にとどまらなかった。むしろモンゴル軍の心臓部に穴を開けたような意味があり、片やモンゴル軍にとっては奸細を失って士気を喪失するに十分な出来事であった。交戦中の奸細擒獲に対して、戦闘そのものとは別に、世宗から嘉褒されたのは、そのような重要な意味があったからにほかならなかった。

（2）諜者・奸細の言説

諜者・奸細の活動は、右に述べたように、モンゴル軍の軍事活動、具体的にいえば、対明侵寇と連動したので、明朝は十分に警戒し、その対策を講じた。『英宗実録』正統十四年（一四四九）十月辛酉（十四日）の条には、

京城に詔して、夜禁を厳しくせしむ。兵部は郎中を分遣して巡督し、以て姦細を防がしむ。

とある。これは、土木の変が起きてしばらくの時を経たころのことであるが、京城における夜間の通行を禁止したのである。これは、夜陰に乗じて京城に入り込む奸細を警戒してのことであった。翌壬戌（十五日）の条には、

時に太子太保兼吏部尚書王直言えらく、城外関廂の居民の未だ遷移せざる者有れば、自ら相い聚りて、以て姦細を防察し、盗賊を巡捕すべし、と。

とあり、王直は、城外における奸細については、関廂の居民が力を合わせて自主的に奸細を防察し、盗賊を巡捕すべきことを説いた。また、『武宗実録』正徳十一年（一五一六）八月癸亥（十四日）の条には、

其の獲する所の姦細は、皆京城に潜入して帰る。宜しく錦衣衛・巡城御史をして厳しく兵馬司の緝訪

を督せしめ、凡そ流移の潜住、及び踪跡明かならざる者は捕治せしめん。

とあり、さらに『世宗実録』嘉靖二十年（一五四一）十二月戊辰（十七日）の条によると、

山東臨清州、虜間一人を獲す。……廠衛諸司に命じて京城内外を厳詰せしめ、兵部は榜掲して功有る者には例の如く陞賞せしむ。

とあり、一段と奸細・諜者に対する防御体制が強化された。奸細・諜者であるかどうかは、極めて見分けが難しかった。そのために京城に流れ込んで来て潜住しているもの、どのようなルートで京城に入り込んだのか、その踪跡の明かならざるものは、片っ端から擒獲されて尋問されることになったのである。そのようにして、奸細を見つけだしたのである。

このように強権を振るってまで、奸細や諜者を見出すことには、二つの点で、大きな意味があった。一つは、むろん軍事機密情報を含めた重要かつ様々な明側の情報が、モンゴルに漏洩するのを阻止するということである。もう一点は、逆にモンゴル側の情報が入手できることである。さきに、奸細・諜者の活動は、モンゴルの軍事行動と密接に連動していると述べたが、そのような関係にあるので、奸細・諜者の擒獲は、現在モンゴルが企図している侵寇計画の概要や全貌、あるいはモンゴル内部の政治情報等を入手する絶好の機会であった。しかも、それは、明側が北辺に展開させた「夜不収」が入手する情報よりも密度の濃いものを入手しうるチャンスであった。

そのため、奸細や諜者は、擒獲されるや即刻処刑されたわけではなかった。十分なる尋問をうけた。おそらく残酷な拷問をうけて、知っていることを全部吐き出すことを強制されたであろう。楊一清は、

今後、但奸細を獲捉するに遇えば、務《つと》めて公に従い審問せんことを要む(60)。

と述べており、行き過ぎた尋問・拷問も少なくなかったものと思われる。

しかしながら、奸細に対する厳しい詮索・尋問によって、明側では、侵寇計画をはじめとするモンゴルに関する重大情報を得ることが多かった。例えば、これまでに挙例した〔史料1〕によると、エセンが、「明年の春夏、復び入寇せんと謀」っていることを知った。〔史料2〕によると、「喜寧、也先と議して遣わし京師に到り、城中軍馬の多少、大明皇帝の立つか未だ立たざるか、能無き人か能有る人かを覘て、今年五月を期して太上皇を送りて回し京城を奪わんことを謀」っていることや「其の也先を誘いてほしいままに虜掠する者は、皆喜寧及び小田兒なり」という情報を得たのである。

このように、諜者・奸細の言説は、そのまま明側にとっては貴重なモンゴル情報源となった。『明実録』をはじめとする明側の史書にみえる諜者・奸細の言説によるモンゴル情報の収録の仕方は、精粗様々であった。詳しく収録されている場合を一例あげると、つぎのごとくである。

去る正月内、也先と賽罕王とは、諸酋を部分し入寇せんとす。自らは人馬一万七千を領して大同陽和に寇し、大同王は人馬一千七百を領して偏頭関に寇し、荅兒卜花王は人馬一万七千を領して柴溝を哨乱し、鉄奇卜花王は人馬七千を領して大同八里店を寇し、鉄哥平章は人馬七千を領して天城を囲み、脱脱不花王は人馬を領して野孤嶺并びに万全を寇し、痛戦して以て喜寧・田達子の命を償わんと欲す。戦う時、草人を馬駝に縛り、燃やしてこれを縦《はな》ち、以て首陣を衝き、継いで虜を駆りて去《ゆ》かんとす

(『英宗実録』景泰元年〔一四五〇〕三月辛未〔二十七日〕の条)。

これは、山西三関鎮の偏頭関軍が擒獲し、錦衣衛が取り調べた結果、擒獲されたモンゴルの諜者が自供した内容である。「喜寧・田達子の命を償わんと欲す。」とあるが、喜寧が明軍の陰謀に引っかけられて磔刑に処せられたのは、同年二月十七日のことであったので[61]、その直後、エセンは報復のための侵寇計画を起案したのであったものと思われる。ところが、モンゴル側の諜者が擒獲されたことで、モンゴル侵寇軍の陣容、軍勢の規模、各侵入地点、エセンの戦略等重要な軍事情報が、すべて明側に筒抜けになってしまった。この一件を取り上げて見てもわかるように、明にとっては、「夜不収」を数多散開させるよりも、一人でも二人でも、奸細・諜者を擒獲し、それを拷問にかけ、徹底的に絞ることの方が、安いコストで密度の濃い、かつ精度の高いモンゴル情報を得る手っ取り早い方法であったといえよう[62]。

むすび

本章は、明人たちが、諜者（虜諜）・奸細（姦細）と称謂したモンゴルの諜報活動を担ったものたちに焦点を当てて、贅語を重ねて来た。

モンゴルの対明侵寇の実行に至る過程においては、明人が諜者・奸細としてどのように関わったか、その一端を解明しえたのではないかと思う。モンゴルが、中国内地に散開させた、あるいは潜入させた奸細・諜者は、明に関する有益・貴重な情報を多々齎したであろう。しかし、それら奸細・諜者が一旦擒獲されると、モンゴル情報の漏洩を阻止することは至難のことであった。中国の北辺・内地において展開したモンゴルの諜報活動は、モンゴルにとって、常にリスクが付きまとう、まさに諸刃の剣そのものであったのである。

註

（1）胡松「翟中丞の辺事の対に答う」（『皇明経世文編』巻二四七、胡荘粛公文集所収）。

（2）本書「第一章　明の間諜「夜不収」」参照。

（3）内廷宦官、在京宦官、在外宦官等の区分については、拙稿「宦官の職務―その様々なる日常―」（『月刊しにか』二〇〇〇年十一月号）参照。

（4）劉若愚『酌中志』巻十六、内府衙門職掌。

（5）袁彬題本の正式名である「錦衣衛掌衛事都指揮僉事臣袁彬謹題為纂修事」のことは、本書「第一章　明の間諜「夜不収」」註（11）参照。

（6）本書「第三章　太監喜寧」参照。

（7）袁彬については、本書「第四章　錦衣衛校尉袁彬」参照。

（8）袁彬題本、正統十四年（一四四九）十二月六日の条「喜寧与也先議請上往高橋兒・寧夏去、臣説、如今天気冷凍、爺爺如何去得。遂不成行。喜寧与也先説、都是校尉袁彬撥置阻往。将臣賺去蘆葦地内、綑了欲開剥。忠勇伯密令人走報上、令哈銘与也先説饒臣死、方解皮条放了。也先等領達賊四散搶擄、至月尽回営、日期不等。」。なお、『英宗実録』は、これより一日前のこととして、同年十二月辛亥（五日）の条に掲出している。原文はつぎの通りである。「是日、上皇在瓦剌老営。喜寧与也先議欲南侵、袁彬言、天寒不可去。也先怒、欲殺彬。上皇使人諭也先。既而也先自率衆掠寧夏。期月始回、献野味于上皇。」。

（9）清水泰次「自宮宦官の研究」（『史学雑誌』第四十三編第一号、一九三二年）。

（10）宦官と火者とを区別すべき根拠、火者所有の禁止等の問題については、拙著『明代中国の疑獄事件－藍玉の獄と連座の人々』（風響社、二〇〇二年）「第六章　藍玉の獄に連座した火者たち」参照。

（11）功臣家が私蓄した浄身家奴の官への没収については、王世貞『弇山堂別集』巻九十一、中官考二、「〔正統〕十二年、太監喜寧侵太師英国公張輔、輔不従。寧弟勝率自浄身家奴、毀輔佃戸居室、殴輔家人妻堕孕死。事発、宥勝、贖徒、自浄身者戍広西南丹衛。因勅礼部、尽収功臣私蓄閹奴入官。」とあり、また『明大政纂要』巻二十三、正統十二年（一四四七）十二月の条にもほぼ同文が見える。

（12）沈徳符『万暦野獲編補遺』巻一、内監、閹幼童。

（13）明初において、洪武帝から功臣家等に賜与された閹人（火者）の家政へのかかわりについては、ごく簡単に前掲拙著『明代中国の疑獄事件－藍玉の獄と連座の人々』「第六章　藍玉の獄に連座した火者たち」においてふれたが、後代になって、その役割が減少したわけではない。例えば、『英宗実録』正統十四年（一四四九）六月辛酉（十三日）の条に、「会昌伯孫忠・太監王瑾家人何文軒等、以南京戸部勘合徴私負於浙江仁和等県。負者詣闕訴之。事下、戸部請究治。上命錦衣衛官往執文軒等并南京戸部該司官、鞫治。」とあり、会昌伯孫忠・太監王瑾の家人が、浙江仁和等県において私負（私債？）の徴収に従事しており、功臣家等に賜与された閹人の当該家の家政における任務の一端が知られる。

会昌伯孫忠は英宗の生母孫皇太后の父。女《むすめ》が皇太后に冊立されたことで、一門栄華を極めた。ただ、孫皇太后が英宗の実母であったかどうか、疑問も持たれている（孫忠とその一門、および孫皇太后については、拙著『明代中国の軍制と政治』（国書刊行会、二〇〇一年）「後編　政治と軍事－英宗回鑾を中心として－」参照）。

王瑾は、交阯人で御用太監であった。もとの姓名は陳蕪。王瑾は宣宗が登極した時に賜与した姓名である。

宣宗が皇太孫であった時、その左右に近侍したことで信頼を勝ち得て、宣宗の恩顧を蒙った（『明史』巻三〇四、宦官一、及び葉盛『水東日記』巻三十四、太監陳蕪恩寵を参照）。ただし、家奴・家人が一様に閹人であったといえるかどうかは検討の余地がある。

（14）英宗の親征軍を構成した衛所名については、かつて東洋文庫所蔵の衛選簿をもとに抽出したことがあるが（前掲拙著『明代中国の軍制と政治』「前編第一部第二章　親征軍」）、近時中国において刊行された『中国明朝档案総匯』（広西師範大学出版社、二〇〇一年）所収の多数の衛選簿等を新ためて分析する必要がある。近々、機会をえて、その作業に取り組みたいと思う。

（15）『英宗実録』正統十四年（一四四九）七月癸巳（十五日）の条、「是日、大同総督軍務西寧侯宋瑛・総兵官武進伯朱冕・左参将都督石亨等与虜寇戦於陽和後口。時太監郭敬監軍、諸将悉為所制、師無紀律、全軍覆敗、瑛・冕倶死、敬伏草中得免、亨奔還大同城。」。

（16）前掲拙著『明代中国の疑獄事件－藍玉の獄と連座の人々』「第六章　藍玉の獄に連座した火者たち」参照。

（17）班軍番上軍については、前掲拙著『明代中国の軍制と政治』「前編第一部第三章　班軍番上制」参照。

（18）山西三関鎮の構成、兵力源等の問題については、前掲拙著『明代中国の軍制と政治』「前編第一部第四章　班軍番戍制」参照。

（19）呉廷燮『明督撫年表』（中華書局、一九八二年）二三四頁。

（20）王崇古「通議大夫資治尹兵部右侍郎畹渓謝公蘭墓志銘」（『国朝献徴録』巻四十一）に、「歴陝藩参、擢河南憲長左。」とある。

（21）前掲呉廷燮『明督撫年表』一八五頁。

（22）註（18）参照。

(23)『国榷』巻六十一、嘉靖三十三年（一五五四）五月壬子（十三日）の条、「兵部左侍郎賈応春、仍提督陝西三辺、協理戎政。兵部左侍郎許論兼右僉都御史、総督山西宣大。」。
(24) 前掲呉廷燮『明督撫年表』一六一頁。
(25) 同右書、三八五－三八六頁。
(26) 同右書、一八五－一八六頁。
(27) 前掲拙著『明代中国の軍制と政治』「前編第一部第四章　班軍番戍制」参照。
(28) 前掲呉廷燮『明督撫年表』一三六頁。
(29) 註（27）参照。
(30) 前掲『中国明朝档案総匯』第七十巻に収録。
(31) 開平衛の沿革については、和田清『東亜史研究（蒙古篇）』（東洋文庫、一九五九年）「九、明代の北辺防備」、松本隆晴『明代北辺防衛体制の研究』（汲古書院、二〇〇一年）「第一章　明代前期の北辺防衛と北京遷都」参照。
(32) 註（27）参照。
(33) 同右。
(34) 萩原淳平『明代蒙古史研究』（同朋舎、一九八〇年）「第四章　アルタン・カーンの牧農王国」二五四頁。
(35) 前掲呉廷燮『明督撫年表』一六一頁。
(36) 同右書、一三六頁。
(37)『明史』巻七十六、職官志五。
(38) 宗教弾圧、犯罪、借金等様々な理由で、モンゴルに逃亡・流入した漢人は、数多おり、モンゴル側は、それらの漢人を間諜として、先鋒として使用した可能性がある。白蓮教徒のモンゴルにおける活動については、野口鐵郎『明代白蓮教史の研究』（雄山閣出版、一九八六年）「第二編第三章　嘉靖年間の白蓮教徒とタタール族」を、板升居住漢人の活動については、萩原氏前掲『明代蒙古史研究』「第四章　アルタン・カーンの牧農王国」を参照。

(39) 但し、〔史料16〕に見える把禿等が中国語能力を備えていたかどうかについては、明確にできない。

(40) 明・雷夢麟撰『読律瑣言』（法律出版社〔北京〕、二〇〇〇年）二七三頁。

(41) その後、「流賊の「奸細」と戦法」と改題して、同氏『明末の流賊反乱と地域社会』（汲古書院、二〇〇一年）に収録。

(42) 奸細に関する鄭曉の上奏文は、「倭寇の首級を斬獲し、姦細を生擒するの疏」（『端簡鄭公文集』巻十）他を、李遂のそれは、「姦細を首獲するの疏」（『督撫経略』巻二）他を参照されたい。

(43) 李文進については、『明史』には列伝がないので、若干伝記的事項について触れておきたい。字は先之、号は同野、四川巴県の人、嘉靖十四年（一五三五）の進士。科臣としては吏科給事中と礼科右給事中に任用された。『掖垣人鑑』巻十三に拠れば、李文進は、嘉靖十九年（一五四〇）十月、浙江衢州府推官より吏科給事中に陞転、二十年（一五四一）丁憂によって帰郷、二十三年（一五四四）復除、二十五年（一五四六）礼科右給事中に転出している。李文進が、大同の各草場放火事件の調査に派遣されたのは、嘉靖二十四年（一五四五）のことであったから、ちょうど喪が明けて起復し、礼科右給事中に転出する直前のことであった。起復後転出前の職官は、丁憂以前と同様に吏科給事中であったと思われるので、大同に派遣された時は、この吏科給事中であったことになる。なお、李文進のその他の伝記的事項については、拙稿「普陀山の「抗倭石刻」について」（『アジア遊学』第三号、一九九九年）において触れたので参照されたい。

（44）和川王府・襄垣王府の歴史については、王世貞『弇山堂別集』巻三十五、郡王、代府を参照。

（45）以上の事件の顛末を報告した李文進の上奏文は、『世宗実録』嘉靖二十四年（一五四五）十月壬辰（三日）の条に収録。

（46）昌化王府は、代簡王桂の早世した世子遜煓（戻世子と追贈）の第二子仕壥に始まり、潞城王府は、代簡王桂の第三子遜炵に始まる。王世貞『弇山堂別集』巻三十五、郡王、代府を参照。

（47）以上の事件のあらましについては、『明史』の以下の巻数を参照した。巻二〇四、楊選伝。巻三二七、韃靼伝。巻三二八、朶顔伝。

（48）『世宗実録』嘉靖四十二年（一五六三）十一月甲辰（二十九日）の条「薊鎮失事の諸臣を論ず」参照。

（49）註（38）参照。

（50）『世宗実録』嘉靖三十四年（一五五五）七月庚子（八日）の条。

（51）註（6）参照。

（52）景泰期の易儲問題、ならびに当該問題に対する鍾同の上奏文については、拙著『モンゴルに拉致された中国皇帝―明英宗の数奇なる運命―』（近刊予定）参照。

（53）エセンを殺獲すれば、賞銀五万両・金一万両・封国公太師、喜寧の場合は、賞銀二万両・金一千両・封侯であり（前掲拙著『明代中国の軍制と政治』「後編第七章　交戦烈々」）、王直の場合は、賞銀一万両・封伯爵であった（拙稿「倭寇王王直の懸賞金」『明代史研究』第二十八号、二〇〇〇年）。

（54）『明史』巻二〇〇、劉源清伝。

（55）前掲呉廷燮『明督撫年表』二二九頁。

（56）『世宗実録』嘉靖二十二年（一五四三）正月丙寅（二十一日）の条。

(57) モンゴル奸細の放火については、『世宗実録』嘉靖二十九年(一五五〇)八月丁丑(十六日)の条にも、つぎのような記述がある。「虜遣細作、潜住京師、謀焼各場馬草者。」。

(58) 『世宗実録』嘉靖三十七年(一五五八)閏七月己亥(二十四日)の条。「山西撫按官類奏、本鎮官軍、自去冬及春、三与虜戦皆捷、前後所獲奸細二十三人。詔賞総兵張承勛・巡撫魏謙吉銀幣、都指揮林爵等陞賞有差」。

(59) 同右。

(60) 楊一清「奸細を捉獲するの賞罰を申明する事の為にす」(『関中奏議』巻四)。

(61) 註(6)参照。

(62) しかし、明側では、逆にこうして得た情報におどらされて、右往左往させられることも、なくはなかった。葉盛の『水東日記』巻二、「妄将細作」に載せる話、すなわち、真定の邏卒が擒獲したニセ細作の自供に基づく騒動は、その一例である。「真定邏卒獲一人、為虜語甚習、以為先被虜見留。虜酋也先将窺臨清、使我等従宣府辺関入、住城中数日、而今抵此、蓋先為偵伺耳。守臣以聞、兵部奏、虜酋為計至此、宜急遣廷臣予備紫荊等関口。因薦郎中陳汝言・陳金等堪是任。詔止治備而已。都察院奏、宣府守臣不覚察当罪、使也先欲其首、将携去久矣。於是特命錦衣衛押其人至宣府、会巡按御史勘問所主之家。御史淶水・張鵬心疑其事、百方鞫之。一夕得其実、蓋平定州故荊郎中家人、居京師以貿易習虜語、不事作業、被捶楚、潜匿於外、妄為此言、彼邏者従而傅会之耳」。

第二部　長城を往来する人々

第三章　太監喜寧

はじめに

本朝の中官、正統より以来、専権擅政する者、固より嘗て之有り。しかれども忠良を傷害し、中外を勢傾するもの、太監王振にしくはなし。

これは、陸容（成化二年〔一四六六〕の進士、官は浙江布政司右参政に至る）が明代朝野の故実を書き留めた『菽園雑記』[1]の中で、英宗を唆して親征軍を組成し、それを覆滅させ、かつ英宗を捕囚の人としてしまった司礼監太監の王振について述べた一節である（同書、巻七）。王振が英宗に親征を勧めた理由、英宗が王振の勧めに乗った理由等については、かつて論じたことがある。[2] かかる親征軍は、周知のように、正統十四年（一四四九）八月十五日に土木堡で覆滅し、英宗は捕虜となり、王振は混乱のさなか落命した（前記の陸容は、このとき十四歳であった）。捕囚の人となった英宗は、それから丁度一年を経た景泰元年（一四五〇）八月十五日に京師への帰還を果たすものの、この間すでに異母弟の郕王祁鈺が玉座についており（景泰帝）、南宮で幽閉同然の怏々《おうおう》とした日々をおくることになった。モンゴルにおけるこの一年間の捕囚について、明側史料では憚って「蒙塵」と呼称している。(3) 蒙塵期、英宗がどのような生活を送っていたか、景泰元年（一四五〇）七月、明廷から英宗ならびにエセンのもとに遣わされた礼部右侍郎の李実は、その遣使記録である『李侍郎使北録』(4)の中で、

　同日（十二日）、（エセンは）平章人等を差わして、実等を引率させ三十里行き、上皇に朝見せしめた。（李実は）少卿羅綺・指揮馬顕とともに、紵絲四疋及び粳米・魚肉・棋炒・焼酒・器皿等の物を進上した。実は泣（涙）を流しながら、礼を行い終わった。よく見るとただ校尉の袁彬・余丁の劉浦兒・僧人の夏福等三人が左右に侍しているだけだった。上の居られる所は、帳に囲まれ幃が布かれていた。地に席《すわ》り、そこに寝ている。牛車一輛、馬一匹が移営の道具であった。

と述べている。この記事から、英宗近侍の人の少なさ、持ち物の少なさが明瞭に読み取れ、英宗の捕囚生活の侘しさが犇々《ひしひし》と伝わってくる。正統十四年（一四四九）八月十五日以前の沢山の人々に囲まれ、贅を尽くした調度品に囲まれての豪奢な生活を彷彿させるようなものは何一つとしてない。英宗の寂寥感は、一入《ひとしお》であったであろう。

ところで、英宗の身辺には、わずかに校尉の袁彬・余丁の劉浦兒、そして僧人の夏福の三人がいただけであった、と李実は言う。『英宗実録』は、土木の変が起きた八月壬戌（十五日）の条に、

　車駕啓行せんと欲するも、虜騎の営を繞《めぐ》り窺伺するを以て、復た止まりて行かず。虜詐りて退く。王振、命を矯めて営を抬《あ》げて行き水に就く。虜、我が陣の動くを見るや、四面より衝突して来る。我が

軍遂に大潰す。虜車駕を邀《むか》えて北行す。中官は惟喜寧の随行するのみ。振等皆死す。官軍人等死傷する者数十万。

と記し、親征軍覆滅という状況の中で助かった英宗がモンゴルにつれ去られる際に扈従した宦官は、喜寧のみであったと言っている。「惟《ただ》喜寧の随行するのみ」という表現には、多少のレトリックが感じられないわけではないけれども、ともかく李実が英宗のもとにやってきた時、英宗の左右にいたのは、先に見たように、「校尉の袁彬・余丁の劉浦兒・僧人の夏福等三人」だけであったと書き記している。それでは喜寧は、どうしていたのであろうか。実は、この時には、すでに喜寧は、この世にはいなかったのである。明軍に捕えられ、誅殺されたのである。それも、英宗の指示によって、罠に掛けられた上でのことであった。常に皇帝に近侍する存在としての宦官であった太監喜寧が、一体なぜにかかる事態にいたったのであろうか。

それは、英宗蒙塵期における喜寧の言動が原因をなした一つの帰結であった。喜寧は、そのような死に方をしたので、喜寧に関する史料は極めて少なく、『英宗実録』その他の諸書にわずかに散見する、文字通り断簡零墨なものしか残っていないが、これらの史料を補綴して、蒙塵期における喜寧の言動、喜寧謀殺に至る事情、喜寧の素性、喜寧擒獲の顛末に隠された真相等の考察を通して、英宗蒙塵期の裏面史の一つを明らかにしようと試みたのが、本章である。

一　太監喜寧の反明的言動

李実が、捕囚の英宗に謁見した時、その左右に近侍していた「校尉の袁彬・余丁の劉浦兒・僧人の夏福等」の三人のうち、劉浦兒と夏福とについては、英宗の回鑾、および復辟後の動向を含めてその出身地・事蹟等あらゆる点が不明であるが、校尉の袁彬の場合は、近年その関係碑文が数点、江西省宜豊県で発見されたことによって、やや詳細に伝記的事項を組み立てることができるようになった。その試みについては、次章で行うので[5]、今は本章の論旨展開に必要な、いわゆる袁彬題本のことだけを述べることにする。奪門の変を経て復辟した英宗は、天順八年（一四六四）正月十七日に崩御する。それにともなって、成化元年（一四六五）に『英宗実録』の編纂事業が開始されることになるが、袁彬は、まる一年にわたる英宗の捕囚生活について証言することを求められた。そこで、袁彬は、「錦衣衛掌衛事都指揮僉事臣袁彬謹題為纂修事」（以下、袁彬題本と略称）と称する題本を呈上したのであった[6]。

さて、袁彬のこの題本によると、太監喜寧の英宗蒙塵期の言動についても若干知ることができるが、まず最初に喜寧の名が登場するのは、土木の変直後、すなわち変の三日後の八月十八日のことで、本条に、

お言葉があり、喜寧を遣わし京師に帰り、賞賜を奏討《もとめ》させた。

とある。これについては、『英宗実録』正統十四年（一四四九）八月甲子（十七日）の条にも、

上は喜寧を遣わして京に至らしむ。通事岳謙等とともに需むる所の金珠綵幣を齎らしめるに、以て往

かしむ。

とある。前述のように、『英宗実録』はその多くを袁彬の題本に依拠したが、この実録の文章も、その典拠は、題本であることは間違いない。それにもかかわらず、題本が、正統十四年（一四四九）八月十八日に掲げているのに対して、実録が、一日早く十七日のこととしている理由については不明であるが、題本が、ごく簡単な内容であるのに対して、実録は帰京したのは喜寧だけではなく、通事岳謙等も同道したことを加筆している。土木の変直後に、英宗の使者が京師に送り出された、その理由は何であったかというと、モンゴル人に賜与するために、英宗は金珠綵幣の類を求めたからであった[7]。この時点では、喜寧は英宗に近侍して、その命令に従って行動していたことが知られる。しかし、それから一カ月半を経過した十月の初めには、エセンの手先となって行動している。それを伝える『英宗実録』正統十四年（一四四九）十月戊申朔（一日）の条を意訳すると、

是の日、モンゴル人はまた上皇を奉じて、大同の東門に至った。エセンは、得知院及び太監喜寧・通事指揮岳謙を遣わして城下に到らしめ、「今上皇を送って京師に帰るが、もし正位（皇帝位）を得なければ、五年十年と雖も必ず仇殺をしなければならない」と言った。謙は密かに、「モンゴルの情況は測ることができない」と言った。ここにおいて、知府の霍瑄は、水道より出てお上にお見え、お上の馬の手綱をしぼって停め、鵞酒等の物を献上した。お上は密かに霍瑄に対して、「お前は城に帰ったら、郭登に城池を固守して城門を開くなと言え」と言われた。

とあり、喜寧は、得知院・通事指揮岳謙とともに、エセンに遣わされて大同の東門に接近して、「今上皇

を送って京師に帰るが、もし正位（皇帝位）を得なければ、五年十年と雖も必ず仇殺をしなければならない」と言わされたのである。言わされたのであるから、それは強制された結果であって、英宗を裏切ってエセンに食い込んでいたということにはならないといえるかもしれないが、それより三日後の題本の十月四日の条に、

紫荊関の北の空地に到着して、そこに駐箚した。通事の都指揮岳謙は、臣に対して、「喜寧はモンゴル語を話すことができるので、エセンに、『喜寧が斥候の騎兵を率いて紫荊関に進み、北京を搶《みだ》しに行く』と言うだろう」と言った。臣は喜寧が中国の実情を知っているので、今モンゴルが喜寧を用い、隙に乗じて入関するのを恐れ、岳謙の説く所をお上に申し上げた。お上は、「ただ天理に従おう」と言われた。

とあるのによれば、喜寧の離反は動かし難い。

実際、題本、同年十月五日の条には、

喜寧前哨を領して紫荊関の北口に進む。

とあり、さらに題本、同年十月九日の条に、

寧等、紫荊関を毀焼し、都御史孫祥を殺す。

とあり、十月九日の事件に関しては、『英宗実録』同年十月丙辰（九日）の条にも、

是の日、喜寧、虜騎を引いて紫荊関を攻む。副都御史孫祥、これと相い持すること四日、虜潜かに他道由り入り、腹背夾攻す。関破られ、祥これに死す。

と、孫祥の奮戦を書き加えて、やや詳しくなっているが、ともあれ喜寧の英宗からの、ひいては明朝からの離反は、もはや決定的であった。それでは、喜寧が英宗から離反して、裏切り的行動をとるようになったのは、いつ頃からであろうか。英宗の命令で、京師にやってきたのが八月十八日、英宗からの離反が明確になるのが十月一日、この八月十八日―十月一日間の動静を知る材料がないが、例えば、同じ宦官仲間であった御馬監少監跛兒干が、土木の変直後にモンゴル側に寝返り、十月二日明側に捕えられて誅殺されているように(8)、喜寧の場合も、八月十八日よりあまり日子の経っていない頃に英宗のもとから離反していった可能性もある。

題本の十月十五日の条によると、

お上が臣に、「哈銘はモンゴル語ができるので、一緒に連れて行く。彼を自由にして城に入れてはいけない」と得知院に言わせられた。お上は喜寧を三回召されたが、来なかった。

と、英宗から三度呼び出されても、喜寧はそれに応じなかったとあり、十月十五日の時点では、今や英宗の命令といえども、離反した喜寧には全く通じなかったのである。

それのみならず、さらに英宗を悩ます事件が十二月五日に起きた。それは、『英宗実録』の同年十二月辛亥(五日)の条に、

是日、上皇在瓦剌老営。喜寧与也先議欲南侵、袁彬言、天寒不可去。也先怒、欲殺彬。上皇使人諭也先。既而也先自率衆掠寧夏。期月始回、献野味于上皇。

とある、英宗に近侍していた袁彬を殺そうとした事件である。当該記事の意味するところは、

この日、上皇はオイラートの老営におられた。喜寧はエセンと相談して南侵しようとした。袁彬は、「天気が寒冷なので行くことはできない」と言った。エセンは怒り、袁彬を殺そうとした。上皇は人を遣わしてエセンに諭《ゆ》した。久しからずして、エセンは自ら衆を率いて寧夏を掠奪した。一カ月を期してようやく帰り、狩猟の獲物を上皇に献上した。

とあって、袁彬を殺そうとしたのは、エセンになっているけれども、殺されかかった当の本人である袁彬は、自分自身が呈上した題本の中で、『英宗実録』より一日遅れた同年十二月六日の条に掲げて、つぎのように述べている。

喜寧与也先議請上往高橋兒・寧夏去、臣説、如今天気冷凍、爺爺如何去得。遂不成行。喜寧与也先説、都是校尉袁彬撥置阻往。将臣賺去蘆葦地内、綑了欲開剥。忠勇伯密令人走報上、令哈銘与也先説饒臣死、方解皮条放了。也先等領達賊四散搶擄。至月尽回営、日期不等。上累令臣写書、差人回京与御弟皇帝并文武群臣、以祖宗社稷為重、好生操練軍馬、謹守城池、不要顧我。

この題本の文章を五つの節に分解してみよう。

①喜寧はエセンと相談してお上に高橋兒・寧夏に行くことをお願いした。臣は、「今天気が寒冷なのに、爺爺はどうして行くことができましょうか」と言った。遂に行くことはなかった。

②喜寧はエセンに、「すべて校尉袁彬がそそのかして行くことを阻止したのだ」と言い、臣をだまして蘆葦の地に行き縛り付け、惨殺しようとした。忠勇伯は密かに人を行かせて、お上に知らせた。

③お上は哈銘に、エセンに対して、「袁彬の死を許して欲しい」と言わせたので、やっと革紐が解かれた。

④エセン等はモンゴル人を率いて四散し略奪した。一カ月でことごとく営に帰ったが、日時はバラバラであった。

⑤お上は、しばしば臣に手紙を書かせて、人を遣わして京師に帰らせ、弟君の皇帝と文武の羣臣に、「祖宗社稷を重きとし、しっかりと軍馬を操練し、くれぐれも城池を守り、我のことは心配しないように」と伝えさせた。

これに対して、先に引用した『英宗実録』の記事では、

①この日、上皇はオイラートの老営におられた。喜寧はエセンと相談して南侵しようとした。袁彬は、「天気が寒冷なので行くことはできない」と言った。

②エセンは怒り、袁彬を殺そうとした。

③上皇は人を遣わしてエセンに諭した。

④久しからずして、エセンは自ら衆を率いて寧夏を掠奪した。一カ月を期してようやく帰り、狩猟の獲物を上皇に献上した。

以上の題本・『英宗実録』の文節ごとの対応関係をみると、題本⑤は『英宗実録』においては捨象されているが、その他は、

題本	実録
①②③④	①②③④

のように対応している。しかし、『英宗実録』は、題本の文章を大幅に省筆している。その端的な事例は、題本②―実録②、題本③―実録③、である。

実録②

エセンは怒り、袁彬を殺そうとした。

題本②

喜寧はエセンに、「すべて校尉袁彬がそそのかして行くことを阻止したのだ」と言い、臣をだまして蘆葦の地に行き縛り付け、惨殺しようとした。忠勇伯は密かに人を行かせて、お上に知らせた。

実録③

上皇は人を遣わしてエセンに諭した。

題本③

お上は哈銘に、エセンに対して、「袁彬の死を許して欲しい」と言わせたので、やっと革紐が解かれた。

と並べてみると、『英宗実録』が、題本の文言を極めて簡略にして、かつ味もそっけもない文言に省略していることが明白である。そのため、袁彬を殺そうとしたのが、エセンなのか喜寧なのか、実録と題本とで懸隔が生じたのであるが、袁彬自身の生死にかかわることであったから、実際には題本②にあるように、喜寧が袁彬を蘆葦の地に縛り付け、惨殺しようとしたと見なすのが妥当であろう。

この時、題本②に、「忠勇伯は密かに人を行かせて、お上に知らせた。」と見えるごとく、袁彬の危機を英宗に知らせたのが忠勇伯であった。この忠勇伯は、本書第二章でも触れたように、英宗が親征軍扈従者のメンバーにいれた忠勇伯蔣信のことである。(9) 蔣信は、初めは把台といい、永楽二十年（一四二二）十月に所部を率いて明に来降し、永楽帝から金忠という姓名を賜ったモンゴルの王子也先土干の姪《てつ》であり、正統九年（一四四四）に右都督となり、戦功をもって忠勇伯に封ぜられ、食禄一千一百石を与えられた。(10) 土木の変においては、大多数の高官たちが陣亡するなかで助かり捕虜となった。蔣信は、このような素性の人物であり、モンゴル語を解するうえに、モンゴルの内部事情に通じた人脈をも持っていたものと思われ、袁彬が騙されて危機的状況にあることを知り、英宗に通報したのであろう。

さて、喜寧が、英宗から離反してエセンに取り入り、様々な利敵行為を企んでいることについては、明側でも十分に察知していた。まず、『英宗実録』正統十四年（一四四九）十二月甲寅（八日）の条に、

居庸関及び宣府・大同等処の諸辺将に勅して曰く、……今聞く、又駕を送るを以って名と為す、と。顕らかに、是れ来りて辺境を窺伺せんと欲するものなり。倘《も》し彼復た来らば、爾等其の宗社の重きを為すを念《おも》い、固く城池を守り、拒絶して納るるなかれ。虜の計に堕して以て国事を誤まるなかれ。如し其の上皇を送りて来り、喜寧の随行すること有らば、爾等先に喜寧を誘いて入城せしめ、即時に之を殺し梟首し彼に示し、以て拒絶の意を見《あら》わせ。如し喜寧の来ることなかりせば、必ず是れ欺詐にして、必ず上皇無からん。其れ前に仍りて固く守りて拒絶し納るるなかれ。

とあり、この時点ですでに喜寧の逮捕と誅殺が、景泰政権にとっても一つの重要な政治的課題となっていたことが知られる。また、右書、景泰元年（一四五〇）閏正月甲戌（二十九日）の条に、つぎのように述べ

る。

大同総兵官定襄伯郭登、邏して虜の諜者を得、械して京に至らしむ。其の一は、太監郭敬の家人把伯、其の一は、義州衛の軍王文、皆也先の親信する所なり。錦衣官之を鞫す。云う、喜寧、也先と議して遣わし京師に至り、城中軍馬の多少、大明皇帝の立つか未だ立たざるか、能無き人か能有る人かを覘て、今年五月を期して太上皇を送りて回し京城を奪わんことを謀る、と。又言う、把台常に太上皇の所に至りて痛哭し、太上皇帰らば我も亦帰らん、若し帰らざれば我も亦帰らず、其の心常に中国に在ると云う。其の也先を誘いてほしいままに虜掠する者は、皆喜寧及び小田児なり、と。

この記事は、大同総兵官郭登麾下の巡邏軍が捕獲したモンゴル側の間諜二人、すなわち郭敬の家人把伯と義州衛の軍王文が、錦衣衛で取り調べられた際の供状書をもとに作られたものであろう。かれらは、いずれも土木の変前後における被虜組で、その後モンゴル側の間諜として使われていたものと推測されるが、かれらの目にも、喜寧がモンゴルのエセン政権の中での突出した存在であったと映じていたようである。そのために、喜寧の動向について、錦衣衛に取り調べられた時、このように述べたものと思われる。なお、「把台常に太上皇の所に至りて痛哭し、太上皇帰らば我も亦帰らん、若し帰らざれば我も亦帰らず、其の心常に中国に在ると云う」という文言に見える把台とは、先述したところの忠勇伯蔣信のことである。

喜寧の策謀については、さらに右書、景泰元年（一四五〇）二月丙子朔（一日）の条に、

（兵部）又奏すらく、近ごろ虜中より還る者有りて言う、也先は、喜寧の奸計に聴従し、臨清に往き

て搶掠せんことを欲す、と。宜しく魯府兗州護衛に勅して、官軍五百を調して臨清に赴かせ、平江侯陳豫等の提督操練を聴くべし。倶に之に従う。

とある。いくら喜寧の奸計によるとはいえ、北直隷を縦断して山東省の臨清にまでモンゴル軍が深く攻め入っていくということが実際的に可能であったかどうかは頗る疑わしい。しかし、それにもかかわらず、モンゴル側は、このような流言飛語を流布させたものと思われる。その目的は、英宗の回鑾交渉に頑なに応じようとしない明廷を揺さぶるという政治的効果を狙ってのことであろう。明の兵部でも、モンゴル軍の臨清攻略の可能性については一応疑いつつも、ともかく、魯王府の兗州護衛の衛所官軍五〇〇を臨清守備のために動員する計画案を上奏したのであった。(11) 魯王府は、太祖洪武帝の第十子たる朱檀が、洪武十八年（一三八五）に兗州府に「之国」したのに始まるが、本王府の護衛は、兗州護衛と兗州左護衛との二衛から構成されていた。(12) 兵部の上奏によって、華北最大の物資の集散地であった臨清に動員された五〇〇の衛所官軍は、魯王府の二護衛のうちの兗州護衛の方から抽出されたものと思われる。

二　太監喜寧の擒獲

以上、前節では、若干の事例を引いて、喜寧がエセンに食い込み、エセンに様々なる策謀を提案して、明への侵略を企てていたことを述べた。このような喜寧の明朝に対する裏切りと利敵行為に対して、当然明廷には怒りが充満していたものと思われるが、兗州護衛の衛所官軍の臨清への動員配置が裁可された時から一週間を経た同月の八日には、参賛軍務右副都御史羅通が、エセン・伯顔帖木兒以下のモンゴル人とともに喜寧を殺害したもの、ならびにモンゴルから帰還したものに対して報奨金を出すという制度を提案した。羅通がこの報奨金制度を上奏すると、即刻施行されることになった。報奨金制度の内容については、『英宗実録』景泰元年（一四五〇）二月癸未（八日）の条に、つぎのようにある。

参賛軍務右副都御史羅通奏すらく、近ごろ聞く、達賊は宣府近辺の龍門・独石等処に在りて下営し、食を我が倉粮に就く、と。宜しく総兵官都督朱謙并びに参将紀広・都指揮楊信等に勅して計議せしめ、或いは勇敢の士を募り、以て竜門等処に往きて守護し、或いは夜不収を遣わして、潜かに往きて賊営を焼劫すべし。仍お聖旨もて沿辺に榜文し衆に諭さんことを請う。凡そ虜されし人口の能く自ら還る者有らば、軍は差役三年を免じ、民は徭役終身を免じ、官は全俸を支し、各々銀一両・布二疋を賞す。能く達賊一級を殺獲する者有らば、軍民人等は倶に冠帯・賞銀五両を与え、官は一級を陞し、一体に賞を給す。若し能く也先を殺さば、銀五万両・金一万両を賞し、国公太師に封ず。伯顔帖木兒・喜寧を殺す者は、銀二万両・金一千両を賞し、侯に封ず。詔して即《ただ》ちに之を行わしむ。

羅通が上奏して提案した内容は、二つに分かれており、一つは総兵官都督朱謙および参将紀広・都指揮楊信等をして計議せしめ、或いは勇敢の士を募り、龍門等の処に行って守護せしめること、或いは夜不収を遣わして潜伏させ賊営を焼劫せしめることであった。これに対して、もう一つは、エセン等のモンゴル人に対して殺害をなし得たもの、あるいはモンゴルで虜囚となっている明人が逃げ帰った場合には、報奨金を賜与するというものであった。報奨金は、対象や目的ごとに細かく分かれていた。それを整理すると、(13)

つぎのようになる。

○殺害・獲殺

エセン……………………賞銀五万両・金一万両、封国公太師

伯顔帖木児・喜寧………賞銀二万両・金一千両、封侯

達賊一級…………………（軍民）冠帯・賞銀五両

（官）陞一級、賞銀五両

○モンゴルからの自還

軍…………………………免差役三年、賞銀一両・布二疋

民…………………………免徭役終身、賞銀一両・布二疋

官…………………………支全俸、賞銀一両・布二疋

この中で、エセン・伯顔帖木児・喜寧の殺害に関して出される報奨は、特別の椀飯振る舞いであった。海賊王あるいは倭寇王と喧伝された嘉靖時代の王直擒斬の場合でさえも、「賞銀一万両・封伯爵[14]」であったのであり、それに比較すれば、エセン・伯顔帖木児・喜寧殺害における際の報奨金ならびに封爵の高さは、一目瞭然であろう。これを見ても、喜寧が明廷からいかに恨みをかっていたか、その程度のほどが知られよう。

かかる喜寧も悪運尽きて、やがて殺されてしまうことになるが、それは突然やってきた。まず、袁彬の題本によると、その景泰元年（一四五〇）四月二十二日の条に、

お上は、久しく使臣の往来が無く、喜寧も又潜かに二心を懐いて、しばしばエセンをして辺境を擾せしめているので、臣（袁彬）に（喜寧の背反のことを）書かせ、書いたものを分割して、人を差わして京師に持って行かせることにした。万一、喜寧の為に弁護する者がいることを考えて、又臣を也先の所に行かせて、「爺爺（英宗）には御用がおありで、総旗高甕・太監喜寧・モンゴル人那哈出を遣わして京師に行かせなければなりません」と嘘を言わせられた。エセンは承諾した。そこで、密かに喜寧謀叛の証拠を書き連ねて、木箱に入れて、高甕のももにくくりつけて宣府に至らしめ、総兵等の官とともに喜寧を捕える計画を協議させようとした。野狐嶺（大同西北方）に着くと、高甕は喜寧と城下で飯を食った。（高甕は）密かに城上のものと約して、お湯を進めた時に短鎗を発することにした。しばらくして、短鎗が発せられると、モンゴル人たちは逃げ散った。高甕は喜寧に抱きついて濠の中に落ち、遂に擒えて城に入った。那哈出は走って、宿営に回り、お上に見えて、「喜寧は野狐嶺で高甕に抱きつかれて濠に落ち、縛られて城内につれ去られました。」と申し上げた。お上は大いに喜び、「両者（明とモンゴル）をして干戈を動かせ、人民を害したのは、みなあの下郎である。今あれを拏《とら》えたので、辺上は安寧となり、我の帰還もまた望みが出てきた」と言われた。

とあり、喜寧は英宗が仕組んだ罠に引っ掛かり、擒獲されたのである。そして、『英宗実録』景泰元年（一四五〇）二月壬辰（十七日）の条に、

御用監太監喜寧伏誅。

とあるように、誅殺されたのであった。

喜寧の誅殺については、談遷の『国榷』巻二十九、代宗景泰元年（一四五〇）二月壬辰（十七日）の条にも、実録の文言と一字も違うことなく、

御用監太監喜寧伏誅。

とあるが、このように喜寧の誅殺が二月十七日のことであるとするならば、それより二カ月後の四月二十二日に、喜寧が罠に引っ掛かって擒えられたとする袁彬の題本の記事とは、明確に矛盾することになる。『英宗実録』・『国榷』によれば、喜寧の擒獲は、少なくとも二月十七日以前でなければならないのである。この月日のずれを、どのように解釈するべきか、その検討の前提として、喜寧の逮捕に漕ぎ着けるまでの状況について、袁彬題本に比べてやや詳細な記事を収録した『英宗実録』の同条を先に見てみよう。

是より先、上皇、喜寧のしばしば也先を導誘して辺を擾すを以て、校尉袁彬に命じて、也先に与《たい》して、今喜寧及び総旗高鑌、達子の那哈出を差わして京に回さんと欲す、と言わしむ。也先これを許す。遂に此の三人を遣わす。彬、旨を承け、密かに書して鑌に付し、宣府に至りて、総兵等官と計を設けて喜寧を擒えしむ。是に至りて宣府右参将都督僉事楊俊奏すらく、二月十二日万全右衛報ず、辺に近づく達賊三人有り、十四日又た五十余人有り、独《た》だ一人墻下に至り説《い》う、我は是れ総旗高鑌なり、北京に往きて事を奏す、と。総兵官朱謙の臣に委ねて機を相《み》て事を行うを准すに随いて、臣遂に本日《そのひ》夜四更（午前二時頃）、右衛城内に到り、十五日都指揮江福・内官阮華州・陳倫をして野狐嶺に往き、人馬を埋伏せしむ。巳の時分（午前十時頃）果して賊一千余人有り、辺に近づきて南行す。鑌仍お墻下に至れり。臣、喜寧の有り無しを問うに、鑌、喜寧は後に在りと言う。臣、鑌を去《ゆ》かしめ、喜寧に与し

て説わしむ、宣府の衆官酒礼を具して迎接す、と。喜寧、之を拒む。臣等、又鑾を去かしめ説わしむ、関に入るを労《うれ》うるなかれ、只だ墻下に在るのみ、と。一会《まもなく》、喜寧は、果して賊数人を領して墻に近づけり。臣等、関を出でて言を用って紿《あざむ》き誘う。近づき前《すす》むや、官軍奮勇して、一斉に突出し、喜寧并びに賊人火洛火孫を生擒し、械して京に詣らしむ。帝、俊の功を嘉し、陞して中軍右都督と為し、仍お参将に充て、朱謙とともに各々金二十両・銀六十両・紵絲三表裏を賞す。高鑾は副千戸に陞せられ、衣一襲を賞せらる。喜寧の擒せらるるや、鑾、実に之を抱持して、ともに城壕に墜つ。故に陞賞を得たり。那哈出走り、虜営に回りて報知す。上皇、大いに喜びて曰く、干戈久しく息《や》まず、人民害を被るは、皆喜寧の為す所なり。今後、辺方《はじ》めて寧靖ならん。我の南帰も亦日有らん、と。

これによると、袁彬の題本では全く言及していない、宣府駐在の右参将都督僉事楊俊の役割が明確である。むろん、実録のこの記事自体が、喜寧擒獲に至る顚末を報告した楊俊の上奏文をもとにしたものであり、楊俊が己の功を誇っていることは十分に有り得るわけで、伝聞で知り得た袁彬の題本との間にかなりな径庭が生じたのは、致し方のないことであった。実録の当該条と袁彬題本とを比較すれば、この事件の発端にあたる英宗の遣使とその目的、その謀事の成功を知った英宗が喜んだという部分は、ほぼ同じである。問題は、どのようにして喜寧を罠に嵌めて擒えるに至ったか、その始末の部分において、かなりの差があるように見受けられることである。袁彬の題本では、高鑾が主役を演じているのに対して、実録では、楊俊が主役であり、高鑾は、楊俊にあれこれと指図されて動いているに過ぎない。このように、両方の史料を比較してみると、相当の出入りがあるように思われるけれども、袁彬題本に、「(高鑾は)密かに城上のものと約して」とあるように、喜寧を罠に嵌めるに当たっては、高鑾が単独で行いえたわけではなかったのである。要するに、高鑾を中心に記述するか、それとも宣府総兵官の朱謙に作戦の遂行を委ねられたという楊俊を中心に記述するかで、事件の顛末に関して、相い異なる印象を与えている。

ともかく喜寧は擒えられた。そのことは確実である。その後のことについては、実録の同条によれば、

喜寧の京に至るや、文武の諸大臣及び六科十三道、章を連ねて之を劾して曰く、小人なるを以って大姦を為し、外寇を挟みて内患を為す、天を滔《あな》どるの罪既に著し、赤族の戮宜しく加うべし、と。

とあるように、喜寧に対する非難が官界から轟々と沸き起こり、結局それから二日後の二月十七日磔刑に処せられたのであった。(15) 以上、『英宗実録』に依拠して喜寧が磔刑に処せられるまでの顛末を見ると、その日時が二月十七日、宣府の明軍が生擒したのが、それより二日前の十五日ということになる。

これに対して、袁彬の題本によれば、喜寧の擒獲については四月二十二日の条に掲げており、実録の日時と二カ月余りの食い違いがある。そこで、以上に引用した袁彬の題本、実録以外の史料においては、喜寧擒獲の日時をどのように記しているか見てみよう。

まず、劉定之の『否泰録』。該書は、正統元年(一四三六)の会試第一、殿試及第で編修を授けられ、後には文淵閣に入直する劉定之の手によって、土木の変についてまとめられたもので、その依拠資料については、該書の巻末に、「臣の目撃耳聞する所に因り、参じえるに楊善・李実述する所の奉使録、銭溥撰する所の袁彬伝を以てし、其の繁蕪を約して、著して此の録を為す。」とあって、そのことが知られるが、喜寧の擒獲に関しては、「十四日、宣府参将楊儁、喜寧を執う。」とある。この十四日が二月十四日を意味

することは、直前の記事が、二月初一日の日付があることによって明白である。

つぎに、楊銘の『正統臨戎録』を見てみよう。該書は、通事の楊銘が、弘治四年（一四九一）三月に著したものである。楊銘は、正統十四年（一四四九）二月に、指揮使呉良に従って、父の楊只とともにエセンのもとに行った。ところが、この年の七月、土木の変を惹起することになるエセン等モンゴル勢の対明侵攻が始まると、楊銘等は、モンゴルにおいて、囚われの身になってしまった。しかしながら、変後の八月二十七日にエセンの命令によって、その束縛が解かれ、英宗に朝見することができた。以後、楊銘は、袁彬等とともに英宗に扈従し、英宗の回鑾にともなって、翌年八月十五日に京師に帰着した。『正統臨戎録』は、その一年間の出来事を記したもので、袁彬の題本と並んで同時代史料としての価値の高い書である。[16] これに、景泰元年（一四五〇）二月内の記事として、

又三両日が過ぎた。（喜寧）太監の家人北京奴が脱走して回り言った。「太監は野狐嶺で住扎しました。高旺《ママ》は辺に到って、墩台の軍人と言葉を交わし、（いくどか）往来し計を設けました。酒を野狐嶺に並べると、台上から砲を放ち、太監と家人の猛克を拏えました。」と。

とある。これは逃げ帰った喜寧の家人北京奴の言であるという。『英宗実録』や袁彬題本では、走回し喜寧擒獲を伝えたのは那哈出としているので、これとは異なるが、ただ逃げ帰ったのは複数おり、それらが口々に事変を告げたものと思われるので、誰の名が記されていても、いずれが正しいとか、誤っているということではないであろう。

さらに、王世貞の『弇山堂別集』巻九十一、中官考二に、

景泰元年三月、叛賊御用監太監喜寧伏誅。

とあり、『明大政纂要』巻二十四、景泰元年（一四五〇）二月の条に、

宣府参将楊俊擒喜寧、檻送京師伏誅。

とある。

以上、管見の範囲で喜寧擒獲に言及した史料を紹介したが、その月日については、

○二月十四日　『否泰録』
○二月十五日　『英宗実録』
○二月内　『正統臨戎録』
○二月　『明大政纂要』
○三月　『弇山堂別集』
○四月二十二日　袁彬題本

と区々である。とはいえ、一番多いのは二月の月内とするものである。したがって、三月（『弇山堂別集』）とするものや四月（袁彬題本）とするのは、孤証である。事件発生の月日を確定するに当たって、史料事例の多寡で決着を付けられるものではないけれども、喜寧の擒獲に限って言えば、孤証の三月説や四月説を取るよりも、二月説を取るのが最も妥当ではなかろうか。それを傍証するのは、当時宣府に巡撫して駐在していた羅亨信（洪武十年〔一三七七〕～天順元年〔一四五七〕）に関わる記事である。永楽二年（一四〇四）の進士である羅亨信は、土木の変を挟んで右副都御史（のち左副都御史に陞進）として、長く宣府に巡撫し

ていたが、かれの文集である『覚非集』巻十には、長子の羅泰敬の手になる「通議大夫都察院左副都御史羅公年譜」が載せられていて、その景泰元年（一四五〇）の項をみると、

景泰元年庚午、公年七十四、旧より病を患う。上章を作《な》して、骸骨を乞うも、辺情危急なるを以て、請う所を兪《ゆる》さず。春二月、万全右衛、従賊の中官喜寧、偕に城下に詣りて和を議すこと有りと報ず。公、総兵とともに議して参将楊俊に委ぬ。会《たま》たま守備都指揮江福、機を相《み》て擒拿せんとす。俊、万全に至りて、伏を設けて之を擒え、京師に械送し、以て典刑を正せり。

とある。喜寧の擒獲作戦の遂行にあたって、宣府巡撫たる羅亨信は、宣府総兵官（朱謙）と協議して、楊俊にそれを委ねたというのである。それが、景泰元年（一四五〇）二月のことであったと、羅亨信の長男羅泰敬は伝えている。羅亨信年譜のこの記事によって、喜寧擒獲の時期に関しては、景泰元年（一四五〇）二月説が有力になるわけであるが、それでは、二月の何時のことかということが問題になる。そこで参考になるのが、『英宗実録』にみえるつぎの記事である。

各処鎮守巡撫及び三司巡按御史等官に勅して曰く、去歳反賊喜寧、虜寇也先を誘引して、入関劫掠すること数日なるも、即ちに官軍に殺敗せられて去りて因り、再び復た来たらず。然れども各処の人民、一向に驚疑して止まず、家口を挟帯して逃躲す。亦自ら其の産業を棄毀して家の居すべくなく、業を復するを思わざる者有り。今聞く、水陸の通路に尚百十羣を成し、或いは白昼肆に奪い、或いは暮夜劫を行う、と。爾等佯りて知らざるが若くし、法を設けて招撫するを思わず、又且つ蒙蔽して以て上聞せず。況んや今、喜寧已に擒獲せられて、処するに極刑を以てするにおいてをや。也先、其の嚮導

を失い、入寇の卜《のぞみ》を復し、志を腹裏に至すこと無からん。人民何を用《も》って虚驚せんや。

これは、景泰元年（一四五〇）二月甲辰（二十九日）の条に掲出された、各処の鎮守・巡撫・三司・巡按御史等官に下された勅諭の一節である。この勅諭によれば、喜寧は、同年二月二十九日以前に擒獲されて誅殺されたことになる。このように、喜寧の擒獲が、二月二十九日以前のことであったとすれば、具体的には、二月の何時ということになるであろうか。喜寧擒獲というこの謀略は、端的にいえば、英宗の命令で喜寧に同行してきた、しかも英宗から密命を帯びていた高鏊と宣府参将の楊俊との連携によって首尾よく成就したことになっている。その一方の立役者であったと自ら名乗る楊俊が、喜寧擒獲の顛末を記した上奏文が、その後『英宗実録』に取り込まれ、現行の景泰元年（一四五〇）二月壬辰（十七日）の条となったわけである。とすれば、この文中において楊俊が言っている日付こそが最も信憑性のあるものであったと見なさなければならないであろう。かく考えれば、二月十五日を喜寧が擒獲された日、十七日を誅殺された日と考えるべきではなかろうか。

三　太監喜寧の素性

英宗蒙塵期の喜寧の動向、とりわけ擒獲に至る事情について、やや多く紙員を使い過ぎた。そこで、ここでは翻って、喜寧の素性について検討しよう。

そもそもこの太監喜寧なる人物は、民族的には如何なる人種に属した人であったのであろうか。明代においては、内廷宦官、在京宦官、在外宦官、王府・公主府宦官等として官的機構で活動したのが宦官であり、民間の功臣家等にいたのは火者と呼ばれるものであった。[17]これら宦官と火者は、捕虜・犯罪者の閹割されたもの、外国からの進献閹人、自らの意志で閹割したもの、あるいは口減らしで閹割されたものなど、それぞれ閹割に至る事情は異なるけれども、膨大に存在したのであった。したがって、閹人は、漢人だけではなく、モンゴル人・朝鮮人・雲南人・ベトナム人等多様であり、それらが内廷宦官やその他の機構で活動した。喜寧の場合、その出身民族名を知る手掛かりは、『英宗実録』景泰元年（一四五〇）二月壬辰（十七日）の条に見える。喜寧が擒獲せられて京師に械送された時、文武の諸大臣及び六科十三道が、章を連ねて喜寧を弾劾したことは、前に触れたが、その文章の一節につづけて、

喜寧は猥にして俘虜なるを以てするも、荐《しきり》に寵栄に沐し、列聖の深恩を受け、太監の重任を居《し》む。

とある。この文章で注意すべきは、「俘虜」という文言である。これは、明軍の外国への遠征の結果として創出されたものである。明軍が凱旋する時に中国に連れてこられた「俘虜」は、午門における献俘式で皇帝に献上されることになるが、その後はそれぞれ適宜に処理された。当該俘虜の出自・身分・容姿等が勘案されて、文官系統の末端に組み込まれたものもいれば、衛所軍に配属されたものもいたし、さらに閹割されたものもいたのであった。[18]「俘虜」は、このように外国から中国に連れてこられた捕虜であったのである。それでは、喜寧の場合はどこから中国に捕虜として連れてこられて、閹割されたのであろうか。モンゴルか、朝鮮か、雲南か、ベトナムか。それは、恐らくモンゴルというのが正鵠を射ているであろう。なぜならば、喜寧はモンゴル語に通じていたからである。さきに見たように、袁彬題本の正統十四年（一

四四九）十月四日の条に、

通事の都指揮岳謙は、臣に対して、「喜寧は、モンゴル語を話すことができるので、エセンに、『喜寧が斥候の騎兵を率いて紫荊関に進み、北京を搶しに行く』と言うだろう」と言った。臣は喜寧が中国の実情を知っているので、今モンゴルが喜寧を用い、隙に乗じて入関するのを恐れ、岳謙の説く所をお上に申し上げた。お上は、「ただ天理に従おう」と言われた。

とある。モンゴル語に通暁することは、学習することによっても可能ではあるが、モンゴル語に通暁していることと、喜寧がもともと「俘虜」であったという事実とを組み合わせると、モンゴル語は、喜寧にとって母国語であったと見るのが自然ではなかろうか。とすれば、嘉靖『両鎮三関通志』巻三、景泰元年（一四五〇）の条に、

叛賊喜寧伏誅。寧中官、故胡種也。

とあり、喜寧はもと「胡種」であったと言っているが、この「胡」とは、モンゴルを指し示しているものと限定してもよいであろう。

以上のことから、喜寧の素性について、つぎのようにいえるであろう。すなわち、喜寧は、明軍のモンゴル遠征の際に捕虜となって、中国に連れてこられ、辛苦の末か運よくかは不明であるけれども、ともかく、『英宗実録』景泰元年（一四五〇）二月壬辰（十七日）の条に、「御用監太監喜寧」、『弇山堂別集』巻九十一、中官考二に、「叛賊御用監太監喜寧」とあるように、御用監太監まで昇ったのであった。[19]

モンゴルにおいて、喜寧は、離反した途端、明に対する侵略行動を行うなど、明に対する裏切り行為に

走った。これらの行動は、むろんエセンの信用や支持があって初めてなしえたものであったと思われる。エセンのこのような喜寧に対する厚い信用・支持は、単なる喜寧の英宗からの離反のみによって生じたのではなく、エセンも喜寧も、仮にオイラートかタタールかの違いがあったとしても、同じモンゴル人であったというその民族的連帯感がその基底にあったのではないかと思量されるのである。

四　太監喜寧擒獲の真相

英宗の親征軍に加わり、土木の変で辛くも死を免れて、英宗とともにモンゴルの領地に拉致された御用監太監の喜寧は、もともと明軍のモンゴル遠征の際に捕虜となって中国に連れて来られて、閹割されたのちに御用監太監まで登ったものと思われるが、最期は英宗の指示で罠にかけられて擒獲され、京師で磔刑に処せられるという悲惨な生涯の閉じ方をした。この喜寧を擒獲するに当たって、最も主体的な役割を果たしたのは誰か、史料によって微妙に食い違っていることは先に指摘した。実録には、宣府右参将都督僉事の楊俊に対して、「帝、俊の功を嘉し、陞して中軍右都督と為し、仍お参将に充て」、楊俊に喜寧擒獲作戦を委ねた総兵官の朱謙とともに「各々金二十両・銀六十両・紵絲三表裏を賞す。」(『英宗実録』景泰元年〔一四五〇〕二月壬辰〔十七日〕の条)とある。しかしながら、袁彬の題本では、景泰帝から功を嘉された楊俊の名は全く登場しないのである。実録と袁彬題本との、この落差は、一体何を意味するのであろうか。

それは、喜寧擒獲事件のその後における意外な展開と密接に関係している。実は、楊俊には自ら上奏したような功績はなかったのである。前に述べたように、景泰帝は俊の功を嘉して、中軍右都督に陞進させたほか、さまざまに褒賞したが、その翌年になると取り消され、楊俊の功は、革せられたのである。それは、喜寧を擒獲した功労者は楊俊ではなく、楊俊は単に人の功績を横取りしたにすぎないということが発覚したからであった。これについて、万暦二十年（一五九二）壬辰科の殿試において榜眼で進士に及第した史継偕の『兵制志』功賞[20]に、

> 景泰の初め、殺虜の功を定む。也先を殺す者には黄金万両・（白）金五万両を賞し、公に封じて太師を加う。伯顔帖木兒及び喜寧を殺す者には、黄金千両・（白）金二万両とし、侯に封ず。尋いで、宣府参将楊俊等、計もて喜寧を擒うと奏し、俊を右都督に擢し、総兵朱謙とともにそれぞれ黄金二十両・（白）金六十・紵幣三雙を賞し、総旗高鑾は千戸に擢し、衣一襲とす。給事・御史疏して、賞の格の如くせんことを請う。兵部、俊を侯に封じ、（白）金を以て其の部衆に散給せんことを議す。許さず。俊に賞の黄金二十・（白）金三十・幣三を加え、把総都指揮江桓は都督僉事に陞し、（白）金二十を賞す。幣は同じ。奮勇の軍人は一級を陞し、（白）金十・幣二を賞し、余は五（白）金・絹布各五疋とす。明年、重ねて喜寧を擒うるの功を覈するに、都指揮僉事江福・指揮孫奈等十二人、実は寧を執う。命じて福に（白）金三十両・紵幣三雙を賞とし、奈等十一人は（白）金十とし、幣は其の一を殺《へら》す。而《しこう》して指揮蔡璽等二百二十人は各々（白）金五両・絹五疋とし、前の楊俊の冒す所の功を革すと云う[21]。

とあり、その間の事情を知ることが出来る。エセン・伯顔帖木兒及び喜寧を殺害したものに対して褒賞金を出す制度が作られたのは、前述のように、景泰元年（一四五〇）二月八日のことであった。それは、右

副都御史羅通の提案によるものであり、景泰帝の裁可を得て即刻施行されることになったのであった。楊俊が、喜寧を擒獲したことを上奏してきたのは、それから丁度一週間を経た、喜寧が擒獲せられた二月十五日の直後のことであった。前掲の『兵制志』に、「尋いで（まもなく）」という接続語で繋がれているのは、褒賞制度の創設時期と楊俊の上奏時期が極めて近かったことを踏まえた上での表現であろう。喜寧擒獲の真相を知らない朝廷では、給事・御史等が「賞の格の如くせんことを請う」たのであった。これを承けて、兵部では、楊俊を侯に封ぜんことを覆議したのである。「格の如く」とは、景泰元年（一四五〇）二月八日創設の褒賞金制度を適用せよということであり、兵部でもその線に沿って、侯爵に封ずることを議して、景泰帝に覆奏したのであった。この覆奏が裁可されれば、楊俊は、一挙に「賞銀二万両・金一千両、封侯」を手に入れることになるはずであった。

ところが、景泰帝は、そのような兵部の覆奏に対して、裁可せず、褒賞として黄金二十両・銀三十両・幣三を加えただけであった。景泰帝が、楊俊に対してこのような処遇で済ませようとしたことについて、『明史』巻一七三、楊俊伝では、

廷臣、詔の如くせんことを請う。帝、俊は辺将にして、職《やくめ》として当に為すべき所なるを以て允さず。(22)

とあり、景泰帝の心思を記している。かかる景泰帝の処遇が、まさに当を得たものであり、逆に、羅通が提案し、すぐさま創行された褒賞制度の遵守施行に固執した給事・御史・兵部が、顔色を失う事件が、まもなく発覚したのであった。それが、楊俊による喜寧擒獲の功の横取りという詐欺的行為の発覚である。前掲『兵制志』には、「明年重ねて覈す」とあるから、それは景泰二年（一四五一）のことのように理解さ

れるが、実際のところは、喜寧の擒獲と同じく景泰元年（一四五〇）のことであり、六月のことであったのである。『英宗実録』には、それを景泰元年（一四五〇）六月壬午（十日）の条に掲出している。したがって、楊俊自身が功を上奏してきて以来、四カ月後に露見したことになる。『英宗実録』の記事は、つぎの通りである。

是より先、楊俊の奏せる喜寧を擒うる官軍の功は、多く実ならざるを以て、宣府鎮守総兵等官に勅して実を究めしむ。是に至りて奏すらく、関を守るの官軍は、指揮蔡璽等二百二十余人。しこうして都指揮僉事江福・指揮孫奈等十二人、実は喜寧を擒う。俊、麾下の官軍と其の功を冒す、と。事、兵部に下さる。（兵部）乞うらく、俊を獄に下し、陞職を追奪し、功を冒す官軍は倶に革罷し、其の関を守り賊を擒う官軍は、仍お賞を加えれば、賞罰をして明信せしめ、人をして勧懲を知らしむるに庶《ちか》からん、と。詔してこれに従い、福に白金三十両・紵絲三表裏を賞し、奈等十一人は白金十両・紵絲二表裏、璽等二百二十余人はそれぞれ白金五両・絹五匹・布五匹とし、俊を宥して賊を勦して罪を贖わしむ。

このように、宣府鎮守総兵等官から上がってきた報告に基づいて、賞罰がやり直しされたのであるが、この記事の冒頭に「是より先、楊俊の奏せる喜寧を擒うる官軍の功は、多く実ならざるを以て、宣府鎮守総兵等官に勅して実を究めしむ。」とあるから、後には、喜寧擒獲に関する楊俊のかかわりについて、疑問視されるようになったのである。何によって疑惑が生じたのか、それを特定することは困難ではあるが、状況的には、楊俊の人となりそのものに問題があったということであろう。

『明史』楊俊伝には、「貪侈」とか「父の勢を恃みて横恣」といった表現が見える。これらの表現を見る限りでは、少なくとも、決して人から後ろ指をさされない、といった人物ではなかったようである。むしろ人格に問題の多い人物であった。「この親にしてこの子あり」という諺があるけれども、その諺が通用しないのが、この楊洪・楊俊父子であった。父の楊洪は、名将と謳われた人物であったが、[23]その男《だん》である楊俊は、甚だ不肖の子であったのである。続柄でいえば、楊洪の嫡子は楊傑であり、楊俊は庶子であった。楊傑と楊俊との関係では、楊俊の方が年上であった。[24]

土木の変直後における捕囚の皇帝英宗を擁するモンゴル・エセン軍が宣府に接近した際の宣府総兵官としての対応が、兵部尚書于謙の称賛を得て、その推挙によって、楊洪が昌平伯に封爵されたのは、正統十四年(一四四九)八月二十四日のことであった。[25]その後における焦眉の京師防衛体制の再建のために召還され、楊洪は宣府を離れた。京師防衛の活躍によってさらに侯爵に進められ、京営の指揮をとることになり、左都督府の事を掌ることになったのであった。楊洪が宣府を離任した後、その総兵官となったのが、朱謙であった。このように、土木の変を契機に一気に立身し、「朝廷、洪の宿将なるを以て、言う所多く采納す。」(『明史』楊洪伝)といわれるほど重きを成す存在になったのである。かかる楊洪にも、頭痛の種があった。それは、不肖の息子とも言うべき楊俊のことである。楊洪は、翌年には、この不肖の男ともいうべき庶男楊俊の仕出かした事件の後始末に追われることになった。楊俊の引き起こした事件とその処理について、『英宗実録』には、つぎのように記されている。

守備万全参将右都督楊俊、是より先、私を挟み都指揮僉事陶忠を杖死せしむ。事覚《あら》わるるや、巡撫等官に命じてこれを覆せしむ。俊の父昌平侯洪奏すらく、臣の男俊は、少きより義方の訓を失し、長ずるも学問の功無し。麤率軽躁なれば、必ず辺事を誤らん。俊の参将を罷め、其をして京に来さしめ、営に随いて操練し、警に遇えば殺賊せしめんことを乞う。臣、日々訓誨を加え、其の過ちを改めんことを冀《こいねが》わん。詔して俊を召して京師に赴かしむ。俊、既に至るや、六科十三道、こもごも章してこれを劾し、獄に下して斬に論ぜんとす。詔してこれを宥し、洪に随いて功を立てしむ。(26)

楊俊は、私怨によって都指揮僉事陶忠を杖殺するというとんでもない事件を仕出かしたのであった。この事件が発覚し、事の真相解明に巡撫等の官が命を受けて乗り出すと、恐懼した楊洪は、俊の参将の地位を罷免して上京せしめ、自分の手元（京営）に引き取って操練せしめ、訓戒を加えんことを上奏した。しかし、言官たちの弾劾は厳しく、斬刑に処すべきであると主張したのである。しかし、それにもかかわらず、景泰帝の下した処分は、結局楊洪の上奏した通り、楊洪のもとで立功させるというものであった。

喜寧擒獲の功に関する楊俊の横取りが発覚したのは、前述のように、六月十日のことであったので、それは、この事件（都指揮僉事陶忠の杖殺）が処理されてから、ほぼ一カ月後のことになる。「天網恢々疎にして漏らさず」とは『老子』を出典とする言葉であるが、この言葉の通り、他人の武功を横取りするという楊俊の悪事は、遂に露見したのであった。一カ月前の都指揮僉事陶忠杖殺に引き続いて、またしても楊俊の悪事が発覚したわけであるが、しかし、楊俊に対して景泰帝の下した処分は、陶忠杖殺の時と同様に、甚だ甘く、「賊を勦して罪を贖わしむ」というものであった。都指揮僉事陶忠を杖殺した事件にしても、喜寧擒獲の功横取り事件にしても、かくも甘い処置で済まされたのには、いかなる事情が介在したのであろうか。

土木の変直後における明・モンゴル間の緊張状態と、明の辺防軍に与える士気とを勘案すれば、むしろ厳しく、言路の官たちの言うように極刑に処したとしても何ら不思議ではなかった。それにもかかわらず、前述のような甘い処分で済まされたのは、土木の変を挟んで長い間、宣府防衛の中心人物であったその父楊洪の存在が大きかったであろう。楊洪の総兵官として鎮守した宣府、正式に言えば宣府鎮であるが、これは長城に設置された辺鎮の中でも、明朝一代を通じて、一際重要性の高い鎮であった。それを示す文言は、明代一朝を通じて、その辺防史料中に枚挙に暇ないが、ちなみにその一例を示せば、倭寇王直の擒獲で著名な胡宗憲は、「題して愚忠を献じ以て国計を裨《たす》けんとする事の為の疏」なる上奏文の中で、[27]

薊州は京師の左肱をなし、宣・大は京師の後背をなし、均しく重鎮と号せり。宣・大は、外に辺牆の固め有り、内は重関の険に倚る。

と記している。[28] 胡宗憲の活躍した嘉靖期においては、倭寇のみならず、北辺においてはアルタン・ハーンを始めモンゴルの攻勢に、明朝は苦しんだのである。だが、宣府鎮と大同鎮とが、土木の変前後においても、同様に重要な位置を占めていたことは、同時代人である葉盛（永楽十八年〔一四二〇〕－成化十年〔一四七四〕。正統十年〔一四四五〕の進士）が「辺務疏」（『皇明経世文編』巻五十九、葉文荘公奏疏一に収録）なる上奏文の中で、

題して辺務の事の為にす。朝廷の今日の防辺の重鎮の、其の大なる者は、大同・宣府にして、其の中の緊要なるものは、独石・馬営より長安一帯に至る地方より先なるは莫し。かくして、守を失えば、

則ち宣府の迤東・居庸の迤西・保安・懐来・楡林・土墓、皆盗区とならん。

と述べていること、また馬文升（宣徳元年〔一四二六〕―正徳五年〔一五一〇〕。景泰二年〔一四五一〕の進士）が「廷臣を会集し禦虜の方略を計議し以て大患を絶たんとする事の為の疏」（『皇明経世文編』巻六十四、馬端粛公奏疏三に収録）の中で、

一、薊州・宣府・大同の三鎮は、極めて虜境に臨み、京師を藩屏す。国家の安危は、実に此れに繋がる。

と述べていることによって知られよう。

さて、その宣府鎮の総兵官として辺防の中核を担い、ついで京営の指揮を執って京師防衛の中心となった楊洪は、永楽帝のモンゴル遠征に従行して、永楽帝にその将才を認められ、名前を覚えて貰って以来[29]、歴戦の古つわものとしての数々の経験を踏んできたのであった。そうした楊洪の、当該時期における存在感の大きさについて、正統四年（一四三九）の進士である章綸（永楽十一年〔一四一三〕―成化十九年〔一四八三〕）は、景泰の初めに上奏した「十六事を上言するの疏」（『皇明経世文編』巻四十七、章恭毅美疏に収録）において、

十、辺境を守備するは、将を選び兵を練ることに在り。臣、惟うに、北虜は備を謹しみ預め防ぐことに在り。将を選ばざれば、功を成すに与かるに足らず、兵を練るにあらざれば、以て敵を威すに足らず。昌平侯楊洪・武清侯石亨・兵部尚書于謙の如きは、固より已に重任にして、虜の惧れる所と為る。

と述べている。土木の変、そして英宗蒙塵期の困難な時期に同じく生きた人の感覚としては、楊洪は、ま

さしくそのような頼もしい存在と映じたのであろう。

楊洪は、彼単独が、辺防・京師防衛において、その存在感が顕著であったのみならず、その係累の楊能・楊信等もまた、辺防において重きをなしていた。『明史』巻一七三、楊信伝には、

洪父子兄弟、皆将印を佩び、一門三侯伯なり。其の時、名将と称せられし者は、楊氏を推せり。


とあるように、楊氏一門の立身出世は、巷間でも話題になるほどであったのである。その故に、楊洪の不肖の息子楊俊の仕出かした事件に対して、景泰帝が甘い処分で済ませたのは、楊洪とその一門の存在が大きかったと見なしても、決して穿ち過ぎではないであろう。

楊俊は、そうした事情の認識が出来ないのか、それとも性懲りもない男であったのか、楊洪が景泰二年（一四五一）九月十三日に逝去した後[30]、またしても、事件を起こしてしまうのである。それは、また別の機会に検討することにするが、ともかく、喜寧擒獲事件は、その後このように意外な展開をしていったのであった。

袁彬の題本には、楊俊の名が全く出て来ないことを、本節の冒頭で指摘したが、それは、袁彬題本が、このような喜寧擒獲事件の功の横取りが発覚した時よりも後に作成されたものであったからである。そもそも、袁彬がこの題本を呈上したのは、前述のように、英宗が天順八年（一四六四）正月に崩御し、それをうけて翌成化元年（一四六五）に『英宗実録』の編纂が開始されると、まる一年にわたる英宗の捕囚生活について、終始英宗に扈従した袁彬がその証言をすることを求められたからであった。袁彬の題本のそのような作成経緯ならびに作成時期を考えれば、喜寧擒獲に関して、楊俊の名が全く出て来ないのは、蓋

し当然のことであった。

むすび

以上、本章においては、英宗蒙塵期に起きた御用監太監喜寧に対する謀略擒獲事件について取り上げ、若干の検討を試みた。英宗の親征軍に加わり、土木の変で辛くも死を免れて、英宗とともにモンゴル領内に拉致され、英宗に扈従していた喜寧が、英宗の指示で罠にかけられて擒獲され、京師で磔刑に処せられるに至るまでの喜寧の行動・言動を辿り、擒獲に至る事情、擒獲という捕り物が実行された月日の確定、喜寧の素性等を検討し、最後に喜寧擒獲の武功に隠された真相を解明した。

註

（1）『菽園雑記』のテクストは、元明史料筆記叢刊の一冊として、一九八五年に中華書局から出版されたものを使用した。なお、史料の訳読に関して、原文が文語体史料であるものについては訓読、口語体史料であるものについては意訳を基本とした。傍線・括弧内補足は、いずれも引用者が付したものである。

（2）拙稿「土木の変と親征軍」（『東洋史研究』巻五十二巻第一号、一九九三年）。本論文は、加除訂正を施した上、拙著『明代中国の軍制と政治』（国書刊行会、二〇〇一年）に「前編第二章　親征軍」として収録した。

（3）例えば、王世貞の「北虜始末志」（『皇明経世文編』巻三三二、王弇州文集一に収録）に、「正統八年、脱歓死、子也先並強盛、自称為太師、屡犯辺。十四年、大入破大同之師、告急相踵。上遣駙馬都尉井源等四将、各万騎禦之、倶敗没。中人振挟上親征、出居庸至大同。成国公朱勇等五万騎為前軍、復大敗、勇死。也先遂乗勝前逼上於土木、全師倶覆。上蒙塵。也先詭称送上還、潰紫荊而入、躙畿輔、直前犯京師。尚書于謙・武靖伯石亨禦之。也先走、大掠而出、余衆之在京南者、殲于楊洪軍。」とあり、また沈徳符の『万暦野獲編』巻一、列朝、英宗即位日期に、「英宗在位、前十四年、後八年。先以正統十四年八月十五日壬戌車駕北狩、至次年八月十五日丙戌還京、凡蒙塵恰一年、不差一日。自是居南宮者七年。以天順元年正月十七日壬午復辟登極、至天順八年正月十七日己巳晏駕、前後不差一日。豈運会偶爾相値、抑果如術家所云。星命必然之数耶。」とある。

(4) 『李侍郎使北録』の名称は、版本によって様々で一定していない。『使北録』あるいは『北使録』と称するものもある。『李侍郎使北録』と題するのは、鄧士龍輯『国朝典故』（北京大学出版社、一九九三年）所収本である。本章では、このテクストを使用した。

(5) 本書「第四章　錦衣衛校尉袁彬」参照。

(6) 袁彬題本をめぐる諸問題については、拙著『明代異国情報の研究』（汲古書院、一九九九年）「第五章　袁彬題本と『北征事蹟』」・「第六章　『英宗実録』のモンゴル情報―袁彬題本との比較―」参照。

(7) 前掲拙著『明代中国の軍制と政治』「後編第一章　回鑾発議」参照。

(8) 『英宗実録』正統十四年（一四四九）十月己酉（二日）の条、「御馬監少監跛兒干伏誅。跛兒干、本降虜、給事宮禁数十年、及土木之敗、即助虜反攻射内使黎定、既又為虜使、来有所需索、命執而誅之。」。

(9) 親征軍に扈従した高官の名前は、同右書、正統十四年（一四四九）七月癸巳（十五日）の条参照。

(10) 蔣信については、前掲拙著『明代異国情報の研究』「第六章　『英宗実録』のモンゴル情報―袁彬題本との比較―」を参照。

(11) 英宗の回鑾をめぐる明・モンゴル間の交渉における明廷の頑なな拒絶反応については、前掲拙著『明代中国の軍制と政治』「後編　政治と軍事―英宗回鑾を中心に―」において詳述した。
(12)　拙著『明代建文朝史の研究』(汲古書院、一九九七年)「第二章　諸王府の軍事的力量と五王削藩の関係」参照。
(13)　夜不収とは、明代北辺に投入された間諜である。夜不収の任務や所属等については、本書「第一章　明の間諜「夜不収」」参照。
(14)　拙稿「倭寇王王直の懸賞金」(『明代史研究』第二十八号、二〇〇〇年)参照。
(15)　『英宗実録』景泰元年(一四五〇)二月壬辰(十七日)の条。
(16)　楊銘とその『正統臨戎録』については、前掲拙著『明代中国の軍制と政治』「後編第一章　回鑾発議」参照。
(17)　内廷宦官、在京宦官、在外宦官、王府・公主府宦官と民間の功臣家等にいた火者、それぞれの職務については、拙稿「宦官の職務―その様々なる日常―」(『月刊しにか』二〇〇〇年十一月号)参照。
(18)　「俘虜」の処理問題については、拙著『明代中国の疑獄事件―藍玉の獄と連座の人々―』(風響社、二〇〇一年)「第六章　藍玉の獄に連座した火者たち」参照。
(19)　二十四衙門のうちの一つである御用監の職務は、明末の宦官劉若愚の著した『酌中志』巻十六、内府衙門職掌によれば、皇帝専用の屏風、調度品、椅子、テーブル、象牙、花梨、白檀、紫檀、双六、棋盤、カルタ、螺鈿細工、堆朱等を製作することであった。
(20)　北京図書館古籍珍本叢刊36『皇明修文備史』所収。意味不明の文字は、本史料と同じ撰者である史継偕の『皇明兵制考』巻中、功賞を参照した。
(21)　文中にみえる金は白金すなわち銀のことであるので、括弧して補った。
(22)　景泰帝の楊俊に対する処遇を記したこの記事は、『明史稿』列伝巻五十、楊俊伝、および『徐本明史列伝』楊俊伝に、ともに「言官及び兵部、詔の如くせんことを請う。帝、允さず。」とあるが、これらの史料からは、景泰帝が、何ゆえに言官の上奏・兵部の覆奏を裁可しなかったのか、その理由を窺い知ることは出来ない。その点、景泰帝の心思にまで踏み込んだ『明史』の当該記事は貴重である。

(23) 名将という評語は、成化十一年(一四七五)の殿試第三名(探花)で、正徳年間に戸部尚書、文淵閣大学士を歴任した王鏊(景泰元年(一四五〇)―嘉靖三年(一五二四))の『王文恪公集』巻十九、「辺議八事を上る」に、「国朝名将如楊洪之在大同、常以劫営取勝。」とあり、さらに『国朝献徴録』巻十、「昌平伯贈潁国公楊公洪伝」に、「洪為将、紀律厳明、将士用命敬慎、自将不敢専殺、宣徳正統景泰間、称名将也。」とある。

(24) 『明史』巻一七三、楊洪伝。

(25) 前掲拙著『明代中国の軍制と政治』「後編第一章 回鑾発議」参照。

(26) 『英宗実録』景泰元年(一四五〇)五月乙巳(二日)の条。

(27) 『皇明経世文編』巻二六五、胡少保奏疏一に所収。

(28) 宣府鎮の構成については、前掲拙著『明代中国の軍制と政治』「前編第四章 班軍番戍制」参照。

(29) 前掲『明史』楊洪伝。

(30) 『英宗実録』景泰二年(一四五一)九月戊申(十三日)の条。

第四章　錦衣衛校尉袁彬

はじめに

正統十四年（一四四九）七月におけるモンゴル軍の対明侵寇を迎え撃つべく、明の皇帝英宗は、親征軍を組織し、京師北京を出発した。[1]しかし、土木堡において、八月十五日、壊滅的敗北を喫し、死傷者数十万という損失を被ったのであった。英宗に親征を勧めた司礼監太監の王振をはじめ、英宗に扈従した多くの重臣たちも、ここで最期を遂げたが、[2]英宗自身は、モンゴル軍の捕虜となり、このあと、まる一年の歳月を囚われ人として過ごすことになった。

英宗に従行したが、辛うじて戦没を免れて、捕囚の英宗に扈従した人として著名なのは、御用監太監の喜寧と錦衣衛校尉袁彬であるが、その後の二人の行動は対照的であった。

袁彬は、「夜は則ち帝と同に寝、天の寒さ甚しければ、恒に脅（脇腹）を以て帝の足を温む」（清・徐乾学撰『徐本明史列伝』巻四十五、袁彬伝）といわれるような献身的忠誠を示したが、喜寧は英宗を裏切ってエセンの手先となり、しばしばモンゴル軍を率いて明の辺境に侵入してきた。このように対照的な行動をとった二人のうち、喜寧は明側の詭計に引っ掛かって殺され[3]、袁彬は、一年後、英宗に付き添って帰京し、英宗が奪門の変で復辟すると、指揮僉事に抜擢され、以後陞進を重ね、最終的には、前軍都督府の都督同知にまで陞進した。

そして、袁彬は、英宗が天順八年（一四六四）正月十七日に崩御し、翌成化元年（一四六五）に『英宗実録』の編纂事業が開始されると、まる一年にわたる英宗の捕囚生活について証言することを求められ、往時を回想して、「錦衣衛掌衛事都指揮僉事臣袁彬謹題為纂修事」という題本をたてまつった。袁彬が英宗の捕囚体験を証言できる稀な人であったことから、題本は同時代性を帯びた貴重な報告となり、『英宗実録』の中に大幅に取り込まれた。『英宗実録』の正統十四年（一四四九）八月十五日における土木の変から翌景泰元年（一四五〇）八月十五日における回鑾帰京までの一年間の記事中、英宗自身の行動にかかわる部分は、その多くを袁彬の題本に依拠しているのである。

本章においては、この袁彬について検討したい。幸いにも、袁彬関係の墓誌銘が新出したので[4]、それと併せて、袁彬自身の回想録でもある題本を中心とする既存の諸史料の分析を通して、袁彬の育った家庭環境と、英宗の回鑾および復辟によって、袁彬はいかなる恩寵を蒙ることになったのか、の二点に的を絞って少しく考察してみたいと思う。

一　袁彬の原籍と父母

景泰元年（一四五〇）八月十五日、英宗は、楊善等第五次の使者や袁彬等とともに、エセンの遣わしたモンゴル人に守られて北京に着き、東安門で景泰帝の出迎えを受けた後、南宮に入った。一年間の捕囚生活において英宗に終始扈従した袁彬は、時の皇帝景泰帝から同月二十五日錦衣衛試百戸を授けられたのであった。[5] 袁彬は、錦衣衛校尉から試百戸に昇格したのである。これは、父の袁忠が洪武三十五年（建文四・一四〇二）に校尉に補せられて以来、初めての昇格であった。

袁忠は、字は福礼、洪武十三年（一三八〇）十月十三日に生まれた。袁忠の父は袁仕成と言い、袁家は、代々江西新昌の名門であったというが、いつしか没落したようである。袁忠が錦衣衛に付せられたのは、靖難の役に勝利して即位した永楽帝が衛所軍を補充しようとしたことがきっかけであった。したがって、袁家は、明初以来の軍戸ではなく、靖難の役後軍籍に替わったようである。

袁忠は、凡そ四十年の間錦衣衛校尉として過ごしたが、正統四年（一四三九）病気のため、袁彬（字、文質）が錦衣衛校尉を継ぐことになった。衛所官軍の世襲制度に則って、病気の袁忠に替わって、[6] その長男たる袁彬が錦衣衛校尉を継いだのである。錦衣衛校尉を袁彬に譲った袁忠は、しばらく隠居した後、正統十年（一四四五）三月十三日に逝去した。享年六十六歳であった。

袁彬の母は鄒氏。父は同里の鄒太六、母は楊氏。十六歳で袁忠に嫁した。洪武十五年（一三八二）二月八日に生まれ、成化九年（一四七三）十一月二十四日に死去した。享年九十二歳。これら袁忠と鄒氏との間に生まれたのが袁彬であり、袁彬を含めて男五人、女三人の子が生まれたが、いずれも早く死去し、健在であったのは、長男の袁彬だけであった。(7)

したがって、捕囚の英宗に近侍していた時には、「母一人子一人」の境遇であった。正統十四年（一四四九）十月、エセン率いるモンゴル軍は、英宗を擁して京師にやって来た。しかし、英宗の回鑾をめぐる交渉は進捗せず、見切りをつけたエセンは、十六日早朝、モンゴルへの帰還を告げるが、その時、楊銘は、袁彬が大声を出して泣き、「わが家の年老いた母を世話する人はだれもいない。どうしたらよいであろう」と言っているのを目撃し、それを『正統臨戎録』の中に書き留めている。モンゴルへの反転によって、帰京がいつ実現するのか、皆目見当がつかなくなって、一人残された母のことが心配になって慟哭したのである。

二　英宗復辟と袁彬

さて、英宗回鑾後、景泰帝から錦衣衛試百戸を授けられたにすぎなかった袁彬が栄達の緒をつかんだのは、英宗の回鑾から七年を経た景泰八年（一四五七）正月十七日の奪門の変においてであった。

そもそも英宗の異母弟の景泰帝が即位したのは、正統十四年（一四四九）八月十五日の土木の変において、親征軍は覆滅し、英宗は捕囚となるという驚天動地の出来事が出来《しゅったい》したからである。翌日に土木堡における敗報が京師に齎されると、朝野をあげての大混乱となった。[8] このような状況下でモンゴル軍の辺境及び京師への襲撃に対する明朝の防衛体制再建は焦眉の急となった。それとともに英宗の捕囚によって空位となった玉座に誰を据えるかという問題も生じた。紆余曲折の末、英宗を太上皇帝とし、その異母弟たる郕王を皇帝とする新政権が発足したのは、九月六日のことであった。[9]

このような異常事態の中で即位した景泰帝が病にかかったのは、景泰七年（一四五六）十二月二十八日のことであった。[10] それが再起不能の大病と知った廷臣たちは、それぞれの思惑を秘めて水面下で策動しはじめた。

内閣大学士の王文と太監王誠は、長沙に就藩していた襄王（仁宗の第五子）の子を皇太子にしようし、太監興安は英宗の子朱見深（後の憲宗）を皇太子に復帰させようとした。[11] このように、誰を立太子するか鎬を削ったのであるが、それは東宮が空席であったためである。本来は、英宗が宣宗の崩御によって即位したことにより、その子である朱見深が立太子されていたのであるが、土木の変における英宗の捕囚によって景泰帝が即位すると、朱見深を廃太子して、自分の子である朱見済を立てようと画策し、立太子に成功したが、後に懐献太子と諡されるその子は、皮肉なことに景泰四年（一四五三）十一月十九日に死去してしまったのであった。[12]

このような事情によって、景泰帝が不豫になったとき、皇太子の地位が空いたままであったので、皇太子に決まることは、目前にぶら下がった玉座を手に入れることに繋がり、誰を擁立するかは、その後の権力掌握にも直接関わることであったので、それぞれの思惑が先行したのであった。

それぞれの思惑が交錯する中で、武清侯石亨が、司礼監太監曹吉祥等とめぐらした策謀は、東宮を誰にするかではなかった。彼らは英宗の復位そのものを目論んだのである。そこで、モンゴルからの回鑾以後、南宮で軟禁同然の生活を送っていた上皇の英宗のかつぎ出しを狙い、武力で南宮の門を蹴破って、英宗の復辟を成功させたのである。この景泰八年（一四五七）正月十七日の出来事が、いわゆる奪門の変と呼ばれるクーデタである。(13)

それから四日後の二十一日、英宗は景泰八年を改めて天順元年とした。このクーデタは、それまでのそれぞれの立場を一変させた。事件関係者は封爵や恩賞に与かった。これを「奪門功次」といったが、一方于謙をはじめとする景泰政権を支えてきた人々は、下獄し刑に処せられた。そして政権を支える七卿の陣容も一変したのであった。(14)

モンゴルから帰国して錦衣衛に復帰した袁彬が、この奪門の変において石亨等が動員した一〇〇〇人の軍兵の中に入っていたかどうかは確認し得ないが、クーデタの翌日、袁彬は指揮僉事に昇進することが決定した。(15)「贈鎮国将軍袁忠曁妻鄒氏墓誌銘」には、

天順丁丑、英廟、位に復するや、彬の旧労を念《おも》い、本衛指揮使掌衛事に歴昇し、又都指揮同知に歴昇す、推恩二代、累ねて公に前職を贈る。而して太夫人は遂に累ねて栄封を受く。第を崇文街に賜う。金帛珍味に及ぶ。寵賚優厚なり。

とあり、袁彬の昇格は、英宗が捕囚時代のその労苦をねぎらってのことであった。

袁彬の昇格に関しては、奪門の変の翌日に定襄伯郭登が英宗にたてまつった八事の中でも、慫慂された。(16)

英宗は、郭登の八事のうち採用すべきものは採り、退けるべきものは退けたが、袁彬の昇格に関しては、英宗の思いも同じであったようで、すぐに昇格を決定したのである。英宗の袁彬に対する慰労は、単に錦衣衛指揮僉事に昇格させただけではなく、先の「贈鎮国将軍袁忠暨妻鄒氏墓誌銘」に、「第を崇文街に賜う」とあるように、邸第をも賜与したのであった。袁彬題本によれば、その邸第について、

二十五日、第一所を澄清坊に欽賜せらる。旧北向なり。上、内官をして面陽に改造せしむ。本衛役夫千人なり。又銀三百両、綵段六表裏を賜う。

とあって、袁彬は、英宗から邸第を澄清坊に賜与されたが、その邸第の作りが、たまたま北向きであったので、英宗は内官に命じて、わざわざ南向きに改造させたのであり、その工事のために錦衣衛は人夫一〇〇〇人を使ったというのである。しかし、人夫一〇〇〇人を使役したのは、単に北向きを南向きに変えるためだけではなく、太液池の水を屋敷に引く工事のためにも使役したのであった。[17]

ちなみに、袁彬が英宗から賜与された邸第は、もともとは大学内閣士商輅の居第であった。[18] 商輅は宣徳十年（一四三五）の郷試の解元、正統十年（一四四五）の会試の会元、殿試の状元と、三試の第一を占めた、いわゆる三元であった。この三試とも第一というのは、明代を通して商輅ただ一人であった。[19] かかる商輅が文淵閣に入直し機務に預かったのは、景泰帝の即位によってであるが、奪門の変によって英宗が復辟すると、王文・于謙の党派と見なされて弾劾され、[20] 天順元年（一四五七）正月二十二日、削籍され民に落とされたのであった。[21] 袁彬が貰い受けたのは、わずか三日前に内閣大学士を解任されたばかりの商輅の居第であったのである。

三　英宗の恩寵と袁彬

袁彬が、英宗の一年に及ぶ捕囚生活において尽くした献身的忠誠は、よほど英宗に琴線にふれる感銘を与えたのであろう。英宗は、昇格・邸第の賜与に続いて、後妻の世話までしているのである。それは、三人の女を生んだ妻廖氏に先立たれて独り身であった袁彬の身を案じてのことであった。英宗は、この袁彬に後妻の話を持ちかけたのである。この間の経緯について、「鎮国将軍袁彬妻王氏墓誌銘」には、

一日入侍するや、上、顧みて謂て曰く、卿の妻を喪うを聞く、今復た娶《めと》るやいなや、と。文質、頓首して、未だ娶らざるを以て対《こた》う。因りて言う、王氏に女の最も賢なるもの有り、且つ孫顕宗の姻家為《た》り、と。顕宗は錦衣指揮にして、聖烈慈皇太后の弟なり。上、顕宗を召して之に諭し、即ちに銀三百両、彩緞表裏八を賜い、聘納の礼を為《な》さしむ。夫人、是れを以て袁氏に帰す。

とあり、王氏の女を袁彬に娶らせるというのである。しかも、この王氏は、聖烈慈皇太后の弟である孫顕宗の姻戚に当たるという。聖烈慈皇太后とは、英宗の生母とされる宣宗の孫貴妃（後に皇后）のことである[22]。宣徳三年（一四二八）に皇子を生めなかった胡皇后が廃せられて孫貴妃が皇后にたてられると、その親兄弟は、一斉に恩恵に与かり、もともと天寿山陵の営造にかかわっていた永城県主簿にすぎなかった父の孫愚（後に宣宗より忠の名を賜る）は会昌伯に封ぜられ、その子の継宗・顕宗・紹宗・續宗・純宗の兄弟も、それぞれ高官に昇った。孫忠が、景泰三年（一四五二）に八十五歳で死去すると、会昌侯を贈られた

が、これは長子の都指揮僉事孫継宗が襲爵した。顕宗は都指揮同知に進んだ。孫氏一門の繁栄ぶりについては、英宗が李賢に対して言った、

孫氏一門、長は侯に封ぜられ、次は皆顕秩、子孫二十余人悉く官を得て、足りたり。

という言葉に象徴されるであろう。英宗にとって、孫皇太后の兄弟（国舅（おじ））の意向は、孫皇太后の意向に等しく、英宗は妥協せざるをえないことが多かった。憲宗の即位後も、孫氏は重用され、孫継宗は、十二団営を提督するとともに、知経筵事として『英宗実録』を監修したのである。外戚として軍政にかかわったのは、明代においては、この孫氏一門が初めてであった。[23]

袁彬は、このような孫氏一門と姻戚関係のある王氏との通婚を英宗から勧められたのである。その上に、英宗は結納金とするべく、銀三百両・彩緞表裏八を袁彬に賜与したのである。婚礼を仕切ったのは、孫顕宗であった。袁彬題本に、

三月内、臣妻を娶る。上、国舅孫顕宗に命じて親を主《つかさど》らしむ。

とあり、英宗は、孫顕宗に命じて親（婚姻）をつかさどらせたのである。前掲「鎮国将軍袁彬妻王氏墓誌銘」に、「上召顕宗諭之、」という文言の「諭之」は、そのことを命じたことを意味するものと思われる。

かくして、王氏を後妻に娶った袁彬に待望の男子が生まれたのは、翌年二月のことであった。袁彬題本に、

天順二年二月内、臣、子を生む。金二十両・銀一百両・綵幣六表裏を賞せらる。又陸続として、大紅織金紵絲蟒龍、并びに各色織金胸背夜服、綉春刀、磁器等の物を賜われり。

とあるように、天順二年（一四五八）二月に男子が誕生すると、英宗はお祝いに沢山の賜与品を与えたのであった。この長男は、勛と名付けられた。「鎮国将軍袁彬妻王氏墓誌銘」に、

子男二、長男曰勛、勛始生時、□□□之喜、賜文質銀五十両・彩緞麒麟表裏二、夫人如之。而黄金五十両・銀百両・織金麒麟表裏二、以賜勛、寵数之異□罕有焉。（子の男二、長男は勛と曰う。勛の始めて生れし時、□□□之喜、文質に銀五十両・彩緞麒麟表裏二を賜う。夫人も之の如し。しこうして黄金五十両・銀百両・織金麒麟表裏二もて、以て勛に賜う。寵数之異□罕有焉。）。

とある。欠字があるので、訓読しにくくなっているのは遺憾であるが、この墓誌銘によれば、男子誕生の際の英宗の賜与は、袁彬・王氏・袁勛それぞれになされたごとくである。袁彬題本と比較すると、賜与品の数字に齟齬があるが、それは、『英宗実録』の纂修官たちの目に題本がふれることを意識して、袁彬題本では少なく書いたのであろう。そのように、他人の目を憚るほど、実際には、袁彬題本に書かれたものの数倍に達する賜与品を、袁彬一家は頂戴したのであった。

異例の恩寵を英宗から受けた袁彬が錦衣衛指揮同知に昇格したのは、天順元年（一四五七）三月のことであった。英宗の重祚によって、袁彬が試百戸から指揮僉事に一気に昇格したのが同年正月十九日のことであったから、わずか二カ月後にまた昇格したことになる。

これは、新たな武功に基づく陞進であった。清・査継佐『罪惟録』列伝巻十六、袁彬伝に、

明日入京して、南宮に就く。景帝、彬を以て試百戸と為す。上皇復辟するや、錦衣衛都指揮僉事に超遷す。しこうして銘を指揮僉事に擢し、尋いで反を擒するの功を以て同知に進め、姓を賜いて楊銘と

為す。

とあるが、この記事には若干の錯誤がある。英宗の復辟直後、袁彬が授与された武職は、さきに述べたように、指揮僉事であって、都指揮僉事ではない。都指揮僉事に除せられたのは、後述するように、天順五年（一四六一）のことであったから、袁彬の武官職についてはあきらかに誤りであるが、ただこの記事に採るべき点があるとすれば、「反を擒する功」について触れていることである。これは、モンゴル人通事として、英宗の捕囚生活時に侍した哈銘の昇格に関して言及しているのであるが、袁彬もこの「反を擒する功」をもって指揮同知に昇格したのである。その点については、袁彬に関する伝記史料においては、一様に全く言及していないけれども、「鎮国将軍袁彬祖塋墓道記」には、

是の年三月、謀反せる妖賊郭貴を擒獲するを以て、指揮同知に昇る。

とあって、『罪惟録』にみえる「反を擒する功」に袁彬が絡んでいたことが知られるだけでなく、その捕獲された謀反者が、郭貴というものであったことも判明する。郭貴という妖賊が、どのような事件を起こしたか詳しくは知り得ないが、『英宗実録』に、

妖言賊郭貴郭栄等七人を誅す。[24]

とあるように、天順元年（一四五七年）三月十六日、郭貴・郭栄等七人が誅殺されている。袁彬の陞進は、それよりも早く、

丙寅、錦衣衛指揮同知門達を陞して指揮使と為し、指揮僉事袁彬は指揮同知と為す。[25]

とあるように、丙寅（三日）のことであったから、郭貴・郭栄らが擒獲されたのは、三月三日以前のこと

であろう。ともあれ、袁彬は、天順元年（一四五七）三月三日、指揮同知に昇格したが、さらに十二月九日には指揮使に陞進したのであった。(26)

むすび

本章では、袁彬の全生涯のごく一端に触れたにすぎないが、土木堡で助かり、捕囚の人となった英宗と巡り会ったことは、袁彬の後半生の転回点であり、出発点となった。英宗の回鑾そして復辟は、錦衣衛所属の一介の校尉にすぎなかった袁彬を、栄進と恩寵という形で押し上げていった。袁彬の、あまりの順風満帆さは、人から嫉妬を買って突然誣告事件に巻き込まれて、笞楚にあえぐことになるという経験もしたが、それもやがて疑いが晴れて、英宗の恩寵を蒙ること一入《ひとしお》の人生を送ることが出来た。袁彬は、土木の変によって、その人生が、その境遇が、百八十度変わった、稀に見る幸運児であった。

註

（1）親征軍の組成をめぐる諸問題については、拙著『明代中国の軍制と政治』（国書刊行会、二〇〇一年）「前編第一部第二章　親征軍」参照。

（2）『英宗実録』正統十四年（一四四九）八月壬戌（十五日）の条によると、このときの主要な戦没者は、つぎの通りである。

太師英国公張輔
駙馬都尉井源
襄城伯李珍
修武伯沈栄
都督王貴
兵部尚書鄺埜
刑部右侍郎丁鉉
都察院右副都御史鄧棨
通政司左通政龔全安
太常少卿戴慶祖
太僕少卿劉容
給事中包良佐
給事中鮑輝
中書舎人潘澄
監察御史張洪
監察御史魏貞
監察御史申祐
監察御史童存徳
監察御史林祥鳳

泰寧侯陳瀛
平郷伯陳懐
遂安伯陳塤
都督梁成
戸部尚書王佐
吏部左侍郎兼翰林院学士曹鼐
工部右侍郎王永和
翰林院侍読学士張益
太常少卿黄養正
太常少卿王一居
尚宝少卿凌寿
給事中姚銑
中書舎人兪拱
中書舎人銭昺
監察御史黄裳
監察御史夏誠
監察御史尹竑
監察御史孫慶
郎中斉汪

郎中馮学明　員外郎王健
員外郎程思温　員外郎程式
員外郎逯端　主事俞鑑
主事張瑭　主事鄭瑄
大理左寺副馬豫　行人司正尹昌
行人羅如墉　欽天監夏官正劉信
序班李恭　序班石玉

（3）本書「第三章　太監喜寧」参照。
（4）一九九一年、江西教育出版社から陳柏泉氏の編著になる『江西出土墓志選編』が上梓された。該書には、江西省新昌（現在の宜豊県）の人であった袁彬に関わる三点の墓誌銘類が収録されている。

①「鎮国将軍袁彬祖塋墓道記」

この碑文は、成化七年（一四七一）七月に袁彬自身が立石したもので、一九六七年に江西省宜豊県において出土した。高さ六十四㎝、寛さ六十八㎝、楷書、二十八行、満行二十七字。現在は宜豊県博物館に所蔵されている。

②「贈鎮国将軍袁忠暨妻鄒氏墓誌銘」

この碑文は、一九六六年に宜豊県にて出土した。高さ六十二㎝、寛さ六十㎝。楷書、三十八行、満行三十五字。現在は宜豊県博物館に所蔵されている。成化九年（一四七三）八月に立石されたこの碑文は、袁彬の父袁忠と母鄒氏に関するものであり、撰は戸部尚書兼翰林院学士商輅、書は刑部尚書王概、篆は礼部尚書鄒幹であった。

③「鎮国将軍袁彬妻王氏墓誌銘」

この碑文は、成化十八年（一四八二）に立石され、一九六六年に宜豊県において出土した。高さ六十㎝、寛さ六十㎝。楷書、三十七行、満行四十四字。現在は宜豊県博物館に所蔵されている。撰は戸部尚書兼謹身殿大学士劉珝、書は吏部右侍郎黎淳、篆は通政使司右参議趙昂であった。

（5）英宗回鑾の後、景泰帝が一年間英宗に扈従した功を労って袁彬に与えた武官職について、袁彬自身がたてまつった「錦衣衛掌衛事都指揮僉事臣袁彬謹題為纂修事」には、「二十五日、蒙陞臣試百戸。」とあるのに対して、それから六年後の成化七年（一四七一）に袁彬自身が立石した「鎮国将軍袁彬祖塋墓道記」には、「景泰庚午八月十六日、欽授錦衣衛百戸。」とあり、授与官職、授与の日付の両方で食い違いがみられる。ここでは私的な墓誌銘ではなく、公的な題本の記述に依拠した。

（6）明代衛所制度においては、軍職の継承は世襲制をとっており、病没や陣没による交替を「襲」、病気や老による交替を「替」といった（拙著前掲『明代中国の軍制と政治』「前編第六章　借職制」参照）。

（7）以上、袁忠とその妻鄒氏については、前掲「贈鎮国将軍袁忠暨妻鄒氏墓誌銘」参照。

（8）『英宗実録』正統十四年（一四四九）八月癸亥（十六日）の条。

（9）同右書、正統十四年（一四四九）九月癸未（六日）の条。

（10）同右書、景泰七年（一四五六）十二月癸亥（二十八日）の条。

（11）李賢『天順日録』（鄧士龍輯『国朝典故』巻四十八所収）一一七三頁。

（12）『英宗実録』景泰四年（一四五三）十一月辛未（十九日）の条。この易儲問題については、景泰朝における政治的展開過程と関連させて、拙著『モンゴルに拉致された中国皇帝－明英宗の数奇なる運命－』（近刊予定）参照。

(13) 同右書、天順元年(一四五七)正月壬午(十七日)の条。
(14) 『明史』巻一一一、七卿年表一、参照。
(15) 『英宗実録』天順元年(一四五七)正月癸未(十八日)の条。袁彬題本では、「十九日、陞臣指揮僉事。」とあるが、昇格が本人に正式に伝えられたのは、翌日になってからのことであったのであろう。
(16) 同右書、天順元年(一四五七)正月癸未(十八日)の条、「定襄伯郭登奏八事、……五曰、錦衣衛係爪牙之官、乞将本衛百戸袁彬陞授指揮僉事。」。
(17) 明・林之盛『皇明応謚名臣備考録』巻十二、袁彬の条。明・何喬遠『名山蔵』臣林記、袁彬の条。
(18) 清・徐乾学『徐本明史列伝』巻四十五、袁彬伝、清・王鴻緒『明史稿』巻五十三、袁彬伝。
(19) 『明史』巻一七六、商輅伝。
(20) 『英宗実録』天順元年(一四五七)正月甲申(十九日)の条。
(21) 同右書、天順元年(一四五七)正月丁亥(二十二日)の条。
(22) 『明史』巻十、英宗前紀では、英宗の生母は、貴妃孫氏、宣宗の崩御にともなって英宗が即位すると皇太后となった孫太后ということになっているが、同じ『明史』巻一一三、后妃一、宣宗孝恭皇后孫氏伝によると、「妃亦無子、陰取宮人子為己子、即英宗也。」とあり、孫氏を生母とせず、後宮の一女性をその生母としている。
(23) 以上、孫氏一門の概略については、『明史』巻三〇〇、外戚、孫忠伝及び孫継宗伝、参照。
(24) 『英宗実録』天順元年(一四五七)三月己卯(十六日)の条。
(25) 同右書、天順元年(一四五七)三月丙寅(三日)の条。この昇格人事の記事については、『国榷』巻三十二、英宗天順元年(一四五七)三月丙寅(三日)の条にも載り、「錦衣衛指揮同知門達為指揮使、指揮僉事袁彬為都指揮僉事。」とあるが、『英宗実録』と著しく異なるのは、『英宗実録』が指揮僉事であるのに対して、『国榷』

は都指揮僉事に作っていることである。袁彬は、本文中でも述べたように、天順五年（一四六一）に都指揮僉事に陞進するのであり、『国榷』の記事は誤りである。

（26） 同右書、天順元年（一四五七）十二月己亥（九日）の条に、「陞錦衣衛指揮同知袁彬為指揮使。」とある。なお、この記事は、『国榷』にも同日付けで全く一字の違いもない同文が登載されている。とすると、前註（25）で述べたように、『国榷』には、それより先の天順元年（一四五七）三月丙寅（三日）に都指揮僉事に昇格したと記しているのであるから、『国榷』においては、明らかに自己矛盾があるといわなければならない。

第五章　瓦剌使臣団がやって来る

はじめに

正統十四年（一四四九）七月のモンゴルの対明侵寇は、明の皇帝が捕虜となるという驚天動地の結果を呼び起こした。明の朝廷ならびに明人を震撼させたこの事件は、土木の変と呼称されているが、八月十五日における本事変の発生は、それまでの間に明・モンゴル関係において生じた様々な摩擦・緊張の沸騰点的結末でもあった。

いわゆる「朝貢使偽数事件」も、摩擦の一つであった。正統十三年（一四四八）のことであった。大同総兵官武進伯朱冕は、使いを遣わして、山西行都司都指揮馬義の簿冊と鎮守居庸関署都指揮僉事李景等の上奏文を明廷に届けた。馬義・李景等は、大同にやって来たモンゴル使者の数を内容とした報告書を提出したのであった。報告書によると、その総数は、

迤北瓦剌脱脱不花及び也先の使臣并びに買売回回阿里鎖魯檀等、共せて三千五百九十八名

であるという。

ところが、この数字は、大いに水増ししたものであることが、会同館の調査で発覚した。その結果、トクトブハ（脱脱不花）の使臣は四七一名とあるが、実数は四一四名、エセン（也先）の使臣は二二五七名に対して一三五八名、買売回回は八七〇名に対して七五二名で、実数の通計は二五二四名であった。差し引き一〇七四名分が実数に上乗せした数字であった。この朝貢使の偽数問題の発覚によって、礼部から、馬義は実数を報告しなかったことを、朱冕・李景は厳切なる盤験を実行しなかったことを弾劾された。結果的には、馬義のみ執えられて罪に問われ、朱冕・李景は宥された。[1]

この事件は、モンゴルの対明侵寇の誘因となった。正統十四年（一四四九）七月、守備偏頭関都指揮杜忠は、「瓦剌の虜寇、来たりて辺を犯さんと欲す。其の勢、甚だ衆し。[2]」と上奏して来た。そのため、明側では、北辺の防衛態勢を固めた。[3]『英宗実録』正統十四年（一四四九）秋七月己卯朔（一日）の条によると、

初め、使いを遣わすに、百人に満たず。十三年、増して三千余人に至る。又虚もて其の数を益し、以て廩餼を冒支す。会同館の官、実数を勘べ以聞す。礼部、口を験して賞を給し、其の虚報の者は皆与えず回らしむ。虜酋愈々怒り、遂に我が使を拘留し、群胡を脅誘し、大挙入寇せんとす。

とあり、明側では、モンゴルが侵寇の構えを見せていることの理由を、前年の朝貢使偽数問題に対する明側の対応、すなわち水増し分に対して賞を手当しなかったことにあると認識した。エセンの率いるオイラート（瓦剌）モンゴル軍が、四路に分かれて明に大挙侵寇してきたという知らせが明廷に飛び込んで来たのは、それから十日後のことであった。この報に接すると、英宗は親征を決意し、それから一カ月後の八月

十五日に運命は暗転するのであった(4)。

そのように事態は急展開していったので、正統十三年（一四四八）における朝貢使臣の偽数問題は、モンゴルの対明侵寇を惹起する原因の一つになったことで注目されるが、別な側面でも刮目するに値する。それは、水増し分の多さもさることながら、その実数（二五二四名）自体の多さである。これから、モンゴル使臣団の規模の大きさを知ることができる。このような大規模な使臣団の来朝は、すでに早く正統七年（一四四二）春正月に、大同総兵官武進伯朱冕・参将都指揮同知石亨に対する勅諭の中に、

今、脱脱不花・也先の遣わすところの使臣、動《やや》もすれば、千を以て計《かぞ》う。此の外、又交易の人有り。朕、辺境の道路・軍民の供給の労費を慮る(5)。

とあるように、往来の道筋に多大な負担を強いるものであった。焦竑の『玉堂叢語』巻五に、「大同猫兒庄は、もと北虜入貢の正路なり。」とあり、『英宗実録』正統四年（一四三九）二月壬子（三日）の条に、

武進伯朱冕に命じて総兵官に充て、都指揮同知石亨を参将に充て、大同に鎮守せしむ。勅を賜いて曰く、大同は西北の要衝たり。瓦剌使臣の往来には悉く此の地を経れり。然れども、虜情は譎詐、須らく兵を宿《とど》め、糧を聚め、以て不虞に備えるべし。

とあり、『憲宗実録』成化二年（一四六六）十二月丁未（十日）の条に、「旧例、迤北の使臣の入貢は、必ず大同の路に由る。其の賞賚宴労、他夷に比して優たり。」とあり、さらに成化六年（一四七〇）正月戊申（二十九日）の条に、

兵部奏す、虜酋脱脱罕、使いを遣わして書を上り、入貢せんことを求め、路を宣府野狐嶺に取り、以

て入らんことを欲す。但、旧例、迤北の使臣は、西のかた大同猫兒荘より入り、朶顔三衛は東のかた喜峯口より入れり。其の野狐嶺は入貢の路に係わらず。

とあるように、大同は、モンゴルの朝貢、とりわけオイラートの使臣団が来朝する際には、必ず往来通過する道筋に当たった。

オイラートの朝貢自体については、すでに先学の研究があるが(6)、本章では、使臣を迎える側の明の経済・軍事に関わる問題、とくに使臣団の大同・京師間往還によって生ずる様々な問題に関心を寄せたい。そこで、まず使臣団の規模とその変化を考察し、それを踏まえて、大同・京師間を往還するオイラート使臣団の諸様相について、主として、オイラートの最盛期であったエセンの支配期とその前後に時期を絞って検討し、長城を往来する使臣団の一側面について考察することにしたいと思う。

一　使臣団の規模とその膨張

オイラート(瓦剌)使臣団の規模は、当初から一〇〇〇人単位というものではなかった。正統七年(一四四二)春正月に、大同総兵官武進伯朱冕・参将都指揮同知石亨に英宗が下した勅諭の中で、

往者《さきに》、瓦剌、使いを遣わして来朝す。多くは五人に満たず。今、脱脱不花・也先の遣わすところの使臣、動もすれば、千を以て計う(7)。

と述べている。「多くは五人に満たず」という表現が、実態を踏まえたものなのか、それとも単なるレト

リックに過ぎないのかは、にわかには判断できないが、『英宗実録』の前掲正統十四年（一四四九）秋七月己卯朔（一日）の条に、「初め、使いを遣わすに、百人に満たず。十三年、増して三千余人に至る。」とあるように、使臣団の構成人員は、最初、とりわけ正統年間初期においては少人数であったこと、それは確かなことであろう。

ところが、数年を経ずして膨張して、モンゴルから大規模な使臣団が来朝するようになった。例えば、正統六年（一四四一）冬十月に、山西大同府知府欒瑄は、上奏文を上しているが、その中で、

瓦剌使臣の朝貢には、道、大同を経る。……今歳、使臣の至る者二千四百人なり。(8)

と述べている。正統六年（一四四一）になると、すでに、正統初年の一〇〇人程度からその二十四倍にもなる二四〇〇人という大規模な使節団を、オイラートは送り出して来ていたのである。翌正統七年（一四四二）、エセンが送り出した使臣団も、前年と同様に二〇〇〇人を越す大規模なものであった。同年二月に総督大同等処糧儲山東布政司右参政沈固が呈上した上奏によると、

邇者《ちかごろ》、瓦剌也先、脱木思哈等二千二百余人を遣使し、赴京して朝貢せしむるに、大同を経過し往来す。(9)

とある。しかも、使臣団は、これだけではなかった。この他にも大同にやって来た。『英宗実録』同年冬十月戊戌（十一日）の条に、

時に瓦剌の使臣二千余人、大同に至る。方に旬日にして又、百余人、也先の使と称して、関を叩き入貢せんとす。

とある。「百余人」は、多分にエセンの遣使を詐称したとおぼしき一団であり、やはり朝貢を求めて大同

にやって来たのである。大同総兵官武進伯朱冕等は、オイラート使臣団に続いてやって来たこの一団の素性に疑問を持ち、大同に入ることを拒否した。しかし、明廷から届いた朱冕等宛の勅諭では、「彼も既に遠来の理《つかい》なり。須らく寛に従い、勅を待て。至れば即ちに関を啓き、之れを納れよ[10]」というものであった。大同にやってきた、このような、おそらく似非使臣団と思われる一行の面倒をも、結局は大同がみることになったのである。

翌月には、また新たな使臣団がやって来た。それは、トクトブハ王とエセンの派遣した使臣団で、卯失剌等二三〇二人で構成され、貢馬二五七三疋を携行していた[11]。この卯失剌は、正統九年（一四四四）冬十月にも、トクトブハ王及びエセンの使臣として、総勢一八六七人、貢馬三〇九二匹を帯行して朝貢して来た[12]。この時の賜宴に関して、礼部尚書胡濙は、

迤北の朝貢使臣、例もて宴を本部に錫う。今、来使の数多く、一日の中に合宴すること難し。請う、乙丑を以て瓦剌卯失剌等を宴し、丙寅は回回鎖魯檀等とせんことを、と[13]。

と上奏して、英宗の裁可を得ている。後述するように、朝貢のため中国にやって来たオイラートの使臣団は、その一部が京師に行き、朝廷に馬等の朝貢品を献上した。それ以外の人々は、大同に残留し、京師に行っている一行の帰りを待って、一緒に大同を出発して帰路に就くことになっていた。

ところが、それにもかかわらず、正統九年（一四四四）冬十月の朝貢においては、京師までやって来る使臣団の規模が、一八六七人という大規模なものとなった。その人数では、賜宴を二度に分けて開催しなければ、到底収まりがつかなかったのである。そこで、十月二十日に卯失剌等に対する賜宴を、翌二十一

日に回回鎖魯檀等に対する賜宴を提案し、開催したのである。正統十二年（一四四七）春正月に行われた賜宴記事においても、

迤北瓦剌等処の脱脱不花王の朝貢使臣孛端・也先の使臣把伯・回回阿里鎖魯檀等の男婦一千一百六十五人に賜いて礼部に宴す(14)。

と、具体的に人数が表示されているように、この一一六五名という人が、京師において宴を賜ったのであった。これらの人々と大同に残留していた人々の数を合わせれば、二〇〇〇や三〇〇〇という数字は、決して誇張したものではないことになる。

同じく正統十二年（一四四七）十一月に来朝した使臣の総数は、皮兒馬黒麻等二四七二名で、貢馬四一七二、貂鼠銀鼠青鼠皮一二三〇〇を携行していた(15)。正統十三年（一四四八）十二月の朝貢事例は、さきに述べた。人数を水増しして、それが露見した件である。この時の水増し分は、一〇七四名と極めて多かったが、実数自体も二五二四名と大人数であり、規模の大きな使臣団であったのである。

この朝貢使臣の偽数事件の発覚の後、モンゴル軍は大挙して侵寇して来た。それを迎撃すべく司礼監太監王振の立案によって英宗の親征軍が組成され、正統十四年（一四四九）八月十五日における土木の変に至る。

事変後の朝貢使臣の数を見ると、減少するどころか、逆に膨張していった。京師にまで来た使臣団だけでも、三〇〇〇人規模になった。それは、景泰元年（一四五〇）冬十月の少保兼兵部尚書于謙の上奏文から知ることができる。于謙は、

聞く、瓦剌也先等の遣わす所の使臣は、三千人を踰ゆ。今は通好の初めなり。人を遣わすこと過多なり。窺伺の意有るを慮る。宜しく五軍・神機営より官軍一万五千を選び、居庸関に往きて布列し、以て軍威を壮にし、不虞に備えるべし。(16)

と上奏し、裁可を得た。オイラート使臣の通過を待ち受け、それに対して、明軍の軍威を示すために、京営軍中の五軍営・神機営から官軍一万五〇〇〇を調発して居庸関に配備すべきであると言うのである。居庸関は、長城の要衝の一つで、地勢が険しく、昔から交通の要衝であった。現在の北京市昌平県の北西部に位置する。ここに京営軍を配備するということは、三〇〇〇人を越すオイラート使臣団が、疾《と》っくに大同を通過して京師に接近していたということを意味する。つまり、この数字は、大同入りしたオイラート使臣団の総数ではなく、京師まで来た組の数字ということになる。

さらに、景泰三年（一四五二）閏九月の光禄寺の上奏によると、

近ごろ聞く、瓦剌の使臣三千余人、将に至らんとす、と。会計するに、供饋の牲酒倶に足らず。しこうして酒尤も甚し。(17)

とある。「将に至らんとす」とは、どこへの到着を指称しているのであろうか。大同か、それとも京師か。これも、大同入りした使臣団の総数ではなく、京師にやって来た使臣の数であったと思われる。なぜならば、『英宗実録』景泰三年（一四五二）十一月甲子（六日）の条に、

瓦剌也先の使臣太尉察占・平章哈只阿力等二千九百四十五員名に賜いて礼部に宴す。

とあり、その翌年の景泰四年（一四五三）正月丙子（十八日）の条に、

迤北瓦剌の使臣察占等二千八百七十六人に賜いて礼部に宴す。

とあるように、今回の使臣団の赴京組に対する礼部の賜宴記事に見える数字とさほどの齟齬がないからである。この二つの賜宴を挟んだ時期（景泰三年〔一四五二〕十一月）に呈上された懐来永寧等処左参将都督僉事楊信の上奏文によると、

瓦剌也先、先次已に使臣察占等二千余名を遣わし、京に赴き進貢せしむ。未だ回らずして、今又、韃靼一百五十余人・馬二百余匹の辺に到ることあり(18)。

とある。オイラートの使臣団の中の赴京組が、圧倒的に増えたことは否定できない。

したがって、十月に呈上された太子少保兼左副都御史羅通の上奏に見える使臣の数も、赴京組の人数を踏まえてのことと思われる。羅通は言う。

達賊の恃む所の陣を突く者は馬を以てす。馬無ければ是れ両足無し。今、也先の遣わし来る使臣三千余人、馬四万余匹を帯来す。宜しく量りて其の価を増し、以て之に酬るべし。彼、増価を見れば、則ち又来る。来るの已《や》まざれば、胡地の馬、自ずから空ならん。此れも亦、中国を強くし、夷狄を弱むるの道なり(19)。

羅通は、「オイラート使臣三千余人」が携行して来た馬四万余匹に対して高値で対処すれば、それに釣られてエセンがどんどん馬を放出し、その揚げ句、モンゴルが戦闘で使用する馬は払底し、オイラートの戦闘能力は著しく低下するであろうという、遠大な計画を提案した。羅通は、エセンや伯顔帖木児等のモンゴル人、それにもと明の御用監太監であった喜寧を殺獲したもの、ならびにモンゴルで虜囚となってい

る明人で逃げ帰ったものに対する報奨を提案して裁可され、ただちにそれが実施されたという実績があった[20]。しかしながら、いかにも「大言を好み、人に遇えば兵を談ず[21]」と評された羅通に似つかわしい、このたびの空想的な提案は、流石《さすが》に明廷では賛成を得ず、景泰帝の裁可を得ることができなかった[22]。

それはさておき、羅通の意図したことの文脈に沿って、「使臣三千余人、馬四万余匹」をみれば、これは、大同にやって来たオイラート使臣団の総数とその時に携行した馬の総数ではなく、赴京組を指称しているものと思われる。大同とその周辺における交易で決済に使用する馬匹の外に、赴京組だけで、これだけの馬匹を携行するのであるから、羅通は、馬匹を高値で買い取り、それに沿って、オイラートに対する報酬を手当すれば、馬匹の払底も決して空想的ではないと考えたのであろう。

使臣団赴京組の総数を示す史料をもう一点紹介しておこう。それは、景泰四年（一四五三）春正月に、景泰帝がエセンに下した勅諭である。その文中に、

太師両び使臣察占等を遣わし、遠来より正旦を朝賀す。太師の忠勤の心を見るに足れり。已に命じて厚く宴賞を使臣に加う。……今者、太師の人を遣わし来ること多し。両次ともに三千余人[23]。

とある。「両次ともに三千余人」と言う数字を単独に取り出せば、大同入りしたオイラート使臣団の総数ととれないこともないが、この勅諭の文脈からすれば、赴京組の人数と見なすのが妥当ではないだろうか。

以上の諸史料の検討から、景泰三年（一四五二）閏九月になされた光禄寺の上奏は、この時の来朝、つまり「使臣三千余人、馬四万余匹」からなる使臣団の赴京組を指称し、それらに対して、礼部が仕切る賜宴において、調理を担当する光禄寺としては、肉と酒の不足、とりわけ酒の著しき不足を懸念したものと

思われる。

来朝して来るオイラートの使臣団は、このように、赴京組だけでも、三〇〇〇名を越す大掛かりなものとなった。これに大同残留組を合わせれば、その規模の大きさが了解できるであろう。

ところが、景泰四年(一四五三)十二月の時点ではすでに赴京していた、その時のエセンの使臣知院哈只等の使臣団の人数は、一転して大幅に減少したものとなった。哈只等は言う。

旨令を奉じて進貢するに、少しく人を遣わす。故に今の使臣、甚だ少なし。伏して乞う、朝廷、賜を厚くせば幸いとなさん、と。[24]

哈只等は、「今の使臣、甚だ少なし」と言うが、具体的にはどの程度の規模であったのであろうか。この哈只等の上言を承けて、礼部では審議した。その結果を覆奏した文言が、『英宗実録』景泰四年(一四五三)十二月甲申(二日)の条に載せられている。それによると、

上年の使臣は三千二百余人、今の使臣は一千一百四十三人、上年の半ばに及ばず。

であるという。つまり、今回の使臣団の総数は、前回の三十六%にしか当たらないというのである。一挙に三分の一にまで激減したのである。

その原因・理由は、一体、奈辺にあったのであろうか。

従来、オイラートの使臣団は、前掲の史料に、

○迤北瓦剌脱脱不花王及び也先の使臣并びに買売回回阿里鎖魯檀等、共せて三千五百九十八名(『英宗実録』正統十三年(一四四八)十二月庚申(八日)の条)

○今、脱脱不花・也先の遣わすところの使臣、動もすれば、千を以て計う（同右書、正統七年〔一四四二〕春正月戊寅〔十六日〕の条）。

○迤北瓦剌等処の脱脱不花王の朝貢使臣孛端・也先の使臣把伯・回回阿里鎖魯檀等の男婦一千一百六十五人に賜いて礼部に宴す（同右書、正統十二年〔一四四七〕春正月己卯〔十六日〕の条）。

とあったように、トクトブハ王の使臣、エセンの使臣、それに交易に従事するためのイスラム商人等を基本として構成されていた。これは、エセンの支配期のみならず、その父トゴン（脱歓）の時代においても同様であった。例えば、正統五年（一四四〇）三月に、大同宣府総兵官武進伯朱冕・都督譚広等に下された勅諭に、

都指揮康能・陳友を遣わし、瓦剌の使臣と同に脱脱不花王及び脱歓の処に往かしむ。黄河の辺に至りて、達寇に遇い、敵に対して射て、寇二人を死《ころ》す。[25]

とある。これは、朝貢して来たオイラートの使臣団が帰国するに当たって、衛所の官軍が護衛のため同行したことを示しているが、その行き先は、トクトブハとトゴンのところであった。そのことは、トクトブハとトゴンとが別々に使臣を送って来たからであった。したがって、明皇帝の勅書も別々に齎された。例えば、正統七年（一四四二）正月の事例であるが、オイラート使臣団が帰途のため京師を出発する時に、明廷では都指揮僉事陳友・王政を正使、指揮同知李全・季鐸を副使とする護衛軍を組織し同行させた。この護衛軍は、オイラートの朝貢使節を本国まで無事に送り届けるということと、朝貢に対する答礼の使節を送るという二つの意味を持っていた。[26]このとき、齎された勅諭は、トクトブハに対するものとエセンに

対するものと、それぞれ別々であった。トクトブハに対するものには、「使臣阿都赤、可汗の書及び良馬を将って来進す」とあり、エセンに対するものには、「近ごろ使臣脱木思哈等を遣わし、奏を齎し来りて方物を貢す」とあるから、使臣の正使も、トクトブハとエセンとでは別々に手当したことが知られる。(27)

このように、オイラートが、一つの使臣団を組織し、明に朝貢する場合、トクトブハとトゴンもしくはエセンの父子が、それぞれ別々に使臣を送り込んだのは、その利益が多大なものであったという側面もあったであろうが、当該期におけるオイラートの支配構造の特殊性に起因するところも大きかったものと思われる。(28) つまり、トクトブハ単独、トゴンもしくはエセン単独であるとすれば、使臣団派遣の主体者に利益が独占され、その利益の配分・供与に与かることができないという惧れがあり、朝貢の果実を得るためには、自分の使臣をも組織して一枚噛む必要があったのである。

景泰四年（一四五三）十二月の使臣団の総数が、著しく落ち込んだのは、使臣団を組成する際の主要な派遣主体者・主導者の一人であったというべきであるトクトブハの使臣が、すっぽり抜け落ちたからにほかならない。この時の礼部の覆奏では、しかるべき回賜の品についても言及しており、その対象になっているのは、エセンの正副使二人、エセンの母と弟四人、および長男が遣わした使臣可可等七人だけである。オイラートのハーンであったトクトブハの使臣には、全く言及していないのである。つまり、それは、トクトブハが使臣を派遣しなかった、正確な言い方をすれば、派遣できなかったからである。

派遣断絶を齎したのは、トクトブハの死去であった。通常の死去ではなかった。それは、敗死であった。トクトブハとエセンとの対立・抗争については、別の機会に検討したことがあるので、(29) ここでは詳しくは触れないが、結局は対立・抗争が沸騰点に達して、トクトブハが攻撃を仕掛けたものの、敗れ去ったのである。トクトブハの敗死によって、オイラート政権のいびつな権力構造は、一応解消された。トクトブハの敗死が、明側に伝わって来たのは、景泰三年（一四五二）二月になってからのことであった。[30]その死は、景泰二年（一四五一）十二月二十八日であったという。そのように証言したのは、モンゴルから中国に脱回してきた遼東軍人の徐勝であった。[31]

徐勝が言うように、トクトブハの死去が、この日付で正鵠を射ているのであれば、景泰三年（一四五二）閏九月の光禄寺の上奏文、ならびに同年十一月六日の歓迎、翌年正月十八日の歓送に関わると思われる賜宴記事に言うところの使臣団が送り込まれた時、トクトブハは、すでにこの世の人ではなかったことになる。とすれば、その時の使臣団は、トクトブハ抜きで、エセンが中核となって使臣団を組成し、しかも従来と同様の大規模な使臣団を送り込んで来たといえよう。

ところが、翌年になると、それが一転してその三分の一に使臣団の数が減少した。それは、朝貢品として、また民間貿易、あるいは密貿易において中国の物品と交換するために使用する馬匹等を、大規模な使臣団の総数に見合うほど手当することが難しく、前年までのような規模の使臣団を組成するのは、到底無理な状況に陥ったからではないだろうか。そうであるとすれば、トクトブハ死去の影響が、ここにきて、じわりと出て来たと言えないこともない。

トクトブハの敗死によって、エセンは全モンゴルの覇権を掌握した。そして、ついには可汗号を僭称するに至った。景泰四年（一四五三）冬十月、エセンは明廷に対して使臣哈只等を遣わして国書を送って来た。国書の冒頭には、大元田盛大可汗と記し、末尾には添元元年と称した、という。つまり、エセンは、これまでチンギスハーンの末裔だけが称していた可汗（ハーン）の位に即き、大元田盛大可汗と称すると同時に、添元と建元したのである。[32] エセンが、使臣哈只等を遣わして来たのは、自らの可汗への即位と建元というモンゴルにおける政治的変更を伝えるということが主たる目的であったが、もう一つ、重大な目的があった。それは、エセンの国書を収録した前掲の記事からは見えてこないけれども、朝鮮側の史料によって知ることができる。その目的とは、すなわち、『李朝実録』端宗甲戌二年（景泰五年〔一四五四〕）二月庚寅（九日）の条に、

也先、達達皇帝を弑す。自ら皇帝を称し、天成と建元す。千余人を使わして、燕京に到らしめ、使いを遣わして賀を陳べんことを請う。

とあるように、エセンは、可汗の位に即き、新たに中国風の年号を創設して、モンゴルにおける名実伴った最高権力者として新政を行うに当たって、明の「遣使陳賀」を求めることにあったのである。それは、新政権に対する明朝の認知と了解を求めてきたということをも意味した。

こうしてエセンは、得意絶頂の時代を迎えるが、しかし、それは長続きしなかった。トクトブハ没後のエセンの内政に関して、兵部は、来降モンゴル人の言をもとに、つぎのように上奏している。

虜酋也先、其の主脱脱卜花と交戦す。脱脱卜花、也先の為に敗られ、以て逃げ、其の姻家兀良哈の頭目沙不丹の処に往くも、遂に沙不丹の為に殺さる。也先、今已に立ちて王と為るや、凡そ故元頭目の苗裔もて殺さざることなし（『英宗実録』景泰四年〔一四五三〕八月甲午〔十日〕の条）。

エセンは、チンギス可汗の末裔に対して非道なる圧迫を加えたという。このような暴虐な政策をとるエセンは、やがて部下の阿剌知院との軋轢を生んだ。阿剌知院は、英宗の親征の契機となった、正統十四年（一四四九）七月の対明侵寇の際には、軍勢を率いて宣府に攻め入って来た人物であるが、一方では、事変後における英宗回鑾をめぐって明・モンゴル間の交渉が暗礁に乗り上げ途絶していた時、使者完者脱歓等を明に派遣して、その交渉打開に向けての第一歩を提供した人でもあった[33]。

その阿剌知院が、エセンを殺したという情報は、降虜（明に来降してきたモンゴル人）や脱回者（明の軍士で捕虜となり抑留されていたモンゴルから逃げ帰ったもの）たちによって齎された。かれらは、異口同音に、「虜酋也先、阿剌知院の為に殺死せらる」と言ったという[34]。それは、景泰五年（一四五四）十月のことであった。殺害の顛末については、エセンの弟賽罕王のもとから脱帰した定州衛（北直隷真定府）の達軍（モンゴル出身の衛所軍士）可可帖木兒が詳しく報じてきた[35]。

「エセン被殺」というビッグニュースは、このように、複数のソースから、明廷に齎された。なぜ、阿剌知院は、かかる事態を引き起こしたのであろうか。和田清氏は、この時すでに老年で、しかも平和愛好者であったらしいから、エセンの非道な圧迫に反発した結果であったと言われている[36]。

とあれかくあれ、エセンは横死した。それは、同時にオイラートの没落を齎した。統制を失ったモンゴルは、たちまち大混乱に陥った。しかし、この混乱は、従来オイラート政権下に雌伏を余儀なくさせられていたタタール（韃靼）を復興させる絶好の機会となった。『明史』巻三二七、韃靼伝に、

也先、瓦剌可汗と為る。未だ幾くならずして部する所の阿剌知院の為に殺さる。韃靼部長孛来、復た

阿剌を攻め破り、脱脱不花の子麻兒可兒を求めて之を立て、小王子と号す。阿剌死す。しこうして孛来、其の属の毛里孩等とともに皆部中に雄視す。是において韃靼復び熾《さかん》なり。

とあるように、タタールでは、いち早くトクトブハの遺子を立てて小王子とし、これをもり立てて復興したのである。一方、オイラートでは、傾いた勢力を復興させる兆しは遂に見られず、やがてタタールの支配下に没入していくのであった[37]。

したがって、エセンの横死をもってオイラートの朝貢は消滅した。「瓦剌」という名前を冠した使臣団が明廷に派遣されることは、二度となかった。

それに代わって登場するのは、「迤北」という名を冠した使臣団である。例えば、景泰六年（一四五五）四月に来朝した使臣団は、迤北王子麻兒可兒・孛羅（孛来）等が派遣したものであった。『英宗実録』の同月戊戌（二十三日）の条に、

迤北王子麻兒可兒は正副使皮兒馬黒麻・鎖魯檀を遣わし、平章昂克・卯那孩・孛羅は使臣可可宛者・赤板達・阿俚等を遣わして馬駝を進貢せしむ。京に至るや、言えらく、孛羅は、阿剌知院の也先を殺死するを以て、兵を率いて之を攻め、阿剌を殺敗し、玉宝并びに也先の母妻を奪い得る、と。

とあり、この時の使臣団の送り手とその使臣の名を知ることができる。この時の朝貢は、エセンの死去を報告することが主要な目的であった。そのための使臣団の正副使に、迤北王子麻兒可兒が任用した皮兒馬黒麻・鎖魯檀は、この時初めて来朝したというわけではなかった。実は、二人とも、従前のオイラートが派遣した朝貢では、しばしばその正副使を務めた回回人であった。かれらは、オイラートからタタールへ

の政権交替後もモンゴル政権に仕え、使臣団派遣の際には、その重責を担ったのである。[38]

それでは、使臣団の送り手がタタールに代わって以後の規模は、どの程度のものであったのであろうか。具体的な数字を知る好箇の事例は、天順六年（一四六二）五月の朝貢である。迤北正使察占に下した勅諭の文言は、つぎのごとくである。

今、大同の奏報を得るに、爾、三百人を領して来京し朝貢す、と。遠路を跋渉す。勤労嘉すべし。茲に特に太監呉昱・都督喜信を遣わし、前去して慰労せしむ。然れども、天順元年、曾て勅もて太師孛来に与えること有り。凡そ人を遣わし朝貢するに、過多なるべからず、と。今、三百人来るは其の数多し。往年、人の多きに因るが為に是非を生ずるを致し、遂に和好を失せり。今日、当に前失を戒め、以て久遠を図るべし。爾、呉昱・喜信と商議し、緊要の使臣を将て帯領して来京せしめ、其の余の従人は、倶に大同に留めて安歇し、口粮・下程を給与すべし。[39]

これは、タタール使臣団が大同に到着したという報告を受けて、急遽太監呉昱・都督喜信を遣わし、その時二人が持参した正使察占宛て勅諭である。この察占もまた、エセンの正使として、しばしば来朝した経験の持ち主であった。前述のように、景泰三年（一四五二）の朝貢の際には、察占は、「太尉」という肩書であったから、オイラート政権内部の要人であったが、タタール復興後は、その支配下に入ったのであろう。

さて、大同にやって来たタタールの使臣団の総数は、三〇〇人であった。京師までやって来るのは、その三〇〇人の中の一部だけにして、残りはすべて大同に留め置けというのが、この勅諭の重要なポイントである。使臣団の総数三〇〇人、これは、最大時期の数のわずか一割に過ぎなかった。それでも、多すぎるというのが、英宗の主張であった。

以上、正統初年から天順六年に至るまでのモンゴルの対明朝貢の推移を、使臣団規模の変化を通して見て来たが、土木の変前後に急増して、トクトブハの敗死を契機に急減するという傾向にあることが読み取れよう。陳腐な言い方になるが、使臣団規模の拡大も縮小も、結局は、使臣団を送りだす方の権力の消長と密接な関係があったということである。

二　使臣団の大同・京師往還

オイラートの使臣団が、朝貢する場合の、中国への入口は、先に述べたように、大同であった。まず大同にやって来ることになっていたのである。トクトブハとの抗争に勝利し、全モンゴルの覇権を掌握したエセンが、大同ルートだけではなく、他の場所にも使臣団を送り込んできたことがある。景泰四年（一四五三）十月のことであった。そのことは、総督総兵等官少保兵部尚書于謙等に下した勅諭によって知ることができる。その勅諭の文言中に、

比ごろ聞く、瓦剌也先、擅に名号を易《か》ゆ。又其の遣わす所の朝貢使臣、大同より来る者有り、宣府・甘粛より来る者有り、と。此れ其れ奸計ならん。必ず所在の京師の備禦、厳ならざるべからざること有り。爾等、其の選ぶ所の軍馬を以て心を尽くして訓練し、以て調遣を俟《ま》て。或は別に長策あれば、

悉く爾等の便宜処置を聴す。必ず万全を出だし、賊の計に堕するなかれ。并びに宣府・大同・遼東・薊州・永平・山海・延綏・甘寧・独石等処の総兵・鎮守官に勅して一体に戒厳辺備せしむ。[40]

とある。文中「擅に名号を易ゆ」とあるのは、可汗号を自称（僭称）するようになったことを意味するが、それはさておき、エセンは大同の外に宣府・甘粛にも使臣団を送り込んで来たのであった。慣行を無視したそのようなエセンの使臣団派遣に、明廷ではこれには奸計が潜んでいるのではないかとの疑念を抱き、京師における警戒態勢をとるとともに、遼東から甘粛・寧夏までの広範囲に亙る辺鎮の総兵官・鎮守官に勅諭を下して厳戒備禦させたのであった。

宣府は、大同・京師間を往復するオイラート使臣団の通過する地点であったが、それでも大同経由ではなく、いきなり宣府に使臣団が現れるということは、明廷にとってみれば、甚だ異例なことであったのである。要するに、大同は、胡松が、「愚忠を陳べて末議を効し以て万世の治安を保たんとするの事」なる上奏文の中で、

一、傷夷を撫す。今山西太原に属する所の郡県、辺徼に附邇すると雖も、然れども大同を以て之が門戸となす。[41]

と述べているように、オイラート使臣団の門戸でもあった。

大同にオイラート使臣団がやって来ると、大同の総兵官や鎮守官等は、そのことを明廷に報告した。その報告が明廷に届くと、『英宗実録』正統三年（一四三八）春正月庚寅（五日）の条に、

中官を遣わし勅及び綵段八百疋を齎し、大同に往き、瓦剌の使臣人等に賜い、并びに其の貢する所の

物の直に酬ゆ。

とあり、同書、正統八年（一四四三）九月丙寅（十五日）の条に、

瓦剌使臣朶脱兒知院・太尉把失罕・都指揮平章皮兒馬黒麻に勅諭して曰く、爾等、数千里を遠しとせず、使いを奉じて来朝す。縁途跋渉し労勤なること、朕深く嘉念せり。今、内官林寿を遣わし接待せしむ。及び大同等処の総兵・鎮守等官に勅して、車輛を応付し、人を遣わし護送せしむ。爾等、従容として来京すべし。

とあり、さらに正統十年（一四四五）九月壬辰（二十二日）の条に、

瓦剌の来朝正使皮兒馬哈麻・副使完者帖木兒等、大同に至る。勅を遣わし之に諭して曰く、爾瓦剌は天道を敬順し、朝廷を尊事し、爾等を遣わして遠来より朝貢す。縁途跋渉し労勤なること、朕深く嘉念せり。今、官を遣わし并びに大同等処に勅して例の如く館待せしむ。

とあり、ついで正統十一年（一四四六）冬十月戊戌（四日）の条に、

瓦剌の来朝正使孛端・副使失蘭火者等、大同に至る。上、勅を遣わし之に諭して曰く、爾瓦剌、朝廷を尊事し、爾等を遣わして遠来より朝貢す。縁途跋渉し労勤なること、朕深く嘉念せり。今、太監劉増を遣わして前去し接待せしむ。大同等処の鎮守総兵・鎮守等官に勅して、車輛馬匹を応付し、人を差わし護送せしむ。従容として来京せよ。

とあるように、英宗は、大同総兵官・鎮守官等、及びオイラート使臣団に向かって、それぞれ勅諭を下したのである。内官等が持参した勅諭のうち、オイラート使臣団宛て勅書は、遠路はるばる朝貢にやって来

たことをねぎらい、大同総兵官・鎮守官等宛の勅諭では、オイラート使臣団応接に関してのしかるべき指示を与えたのである。

指示した項目の一つとしては、正使副使を含めて、どの程度の人数を京師までやって来させるかということがあった。その具体的内容を知るために、正統三年（一四三八）春正月に大同総兵官都督陳懐等に下された勅諭を見てみると、

奏を得て、瓦剌脱歓、又人を遣わして来朝するを知れり。然れども、虜情は、譎詐にして防がざるべからず。勅至らば、爾即ちに諭し、正使三五人を赴京せしめ、貢ぐ所の馬駝は人をして代送せしめ、其の余の使臣従人は倶に大同に留止せしめ、并びに脚力馬には芻粮を給与し、其の民と交易するを聴す。(42)

とある。英宗の勅諭では、大同総兵官陳懐等に対して、今回のオイラート使臣団の中で、赴京を許可したのは、正使を含めてわずかに三、五人に過ぎなく、人数は甚だ限定されたものとなった。

総体としては、何人から使臣団が構成されていたのか、この使臣団に関しては不明であるので、大同に残留した人数も、当然のことながら明確でないけれども、残留組は、赴京組が大同・京師間を往還し、大同に戻るまでの期間、明人と交易をすることを許された。これが、いわゆる民間貿易である。残留組は、モンゴルの生活において必要な品物を民間貿易で入手することに専念しながら、赴京組の帰りを待っていたのであった。

正統初期においては、オイラート使臣団の中で赴京を許されたのは、このようにわずかな人数であった。

ところが、やがて一回当たりの使臣団規模が膨張拡大するにしたがって、赴京組の人数もまた、うなぎ登りに膨らんでいった。正統七年（一四四二）春正月に下された勅諭では、使臣団総体の人数も、赴京組の人数も大幅に増加したことを問題視している。その勅諭とは、大同総兵官武進伯朱冕・参将都指揮同知石亭に対するものであるが、それに、

今、脱脱不花・也先の遣わすところの使臣、動もすれば、千を以て計う。此の外、又交易の人有り。朕、辺境の道路・軍民の供給の労費を慮る。已に都指揮陳友等をして勅を齎し往きて、瓦剌に今より差遣の使臣多くも三百人を過ぎるを許さずと諭せしむ。彼此両便に庶幾《ちか》らん。此の後、如し来る者尚多ければ、爾等止だ定数に遵《したが》い、其の入関を容し、余は先に回らしむ。或いは猫兒荘において使臣を俟候《ま》ち同に回らしむるは、彼の自便に従え。故に預め爾に勅して之を知らしむ(43)。

とある。使臣団の総数が膨張し、一〇〇〇人を越す段階になって、三〇〇人以下に人数を制限しようとしたのである。それをオーバーしたら、モンゴルに帰すか、猫兒荘において京師まで行く組が大同に戻るのを待って一緒にモンゴルに帰るか、それは個々の選択に任せるというのが、この勅諭の骨子である。

猫兒荘とは、正統十四年（一四四九）十月に、モンゴル軍が、英宗を擁して引き上げる際にルートとして使った猫兒荘のことである。土木の変以後、捕囚の英宗に付き従った明の通事楊銘の回想録『正統臨戎録』に、

次の日、往きて北行す。猫兒荘の裏辺《うち》に歇《やす》むこと一夜にして、大辺牆を出る。

とあるから、モンゴル軍は、この時、つまり正統十四年（一四四九）十月二十二日に猫兒荘に一泊して、

翌日大辺牆を出たことになる。[44] このことから、猫兒荘は、大辺牆の辺内に位置していたことがわかるが、具体的に言うと、その場所は、今の大同辺外の隆盛荘付近に当たるとされている。[45] 三〇〇人の枠からはみ出した人々、その中でもすぐにモンゴルに帰還しないで赴京組を待つ人々に対しては、大同辺外のこの猫兒荘において時を過ごさせることにしたのである。明廷は、人数枠を示すことによって縛りをつけ、赴京組と残留組とを、最初にここ大同において選別させようとしたのである。

なぜこのようなことを指示する勅諭が下されたのであろうか。むろん、右に触れたように、ここにきて、つまり正統七年（一四四二）前後になって、使臣団総体の人数、赴京組の人数が大幅に増加したからであった。そのために、「故に預め爾に勅して之を知らしむ。」とあるように、事前に今後の処置をめぐって、英宗は、大同総兵官武進伯朱冕・参将都指揮同知石亨に対して勅諭を下したのであった。

さらに具体的に言えば、その切っ掛けとなったのは、正統六年（一四四一）の暮れに赴京し、翌七年（一四四二）二月に大同から帰途についた使臣団の多さを目の当たりにしたからであった。この時の使臣団について、総督大同等処粮儲山東布政司右参政沈固は、その上奏文の中で、

邇者、瓦剌也先、脱木思哈等二千二百余人を遣使して、京に赴き朝貢せしむ。大同を経過して往来す。支応并びに護送の官軍の行糧・芻豆、共わせて三十一万有奇を費やせり。[46]

と述べている。二二〇〇余人という大人数で赴京してきたのである。この時、大同・京師を往還する使臣団のために調達支給した食糧、それに加えて、かれらを護送する官軍（衛所官と衛所軍）[47] の行糧（月糧とは別の動員手当）と芻豆は、トータルで三一万余りにも上ったというのである。この一事をみても、大人数

の赴京組の往還、そしてその護送を行うということは、経済的軍事的コストの面からみても、甚大なる経費の費消を伴うものであったことが知られる。

正統七年（一四四二）春正月における大同総兵官武進伯朱冕・参将都指揮同知石亨宛の勅諭において、赴京組の人数を大幅に制限するように指示したのは、このように異常に肥大化したオイラート使臣団とそれに対する甚大なる経費の実態を踏まえてのことであったといえよう。

明廷がオイラート使臣団に対して加えようとした、このような制限は、それではどれだけの実行力・拘束力をもちえたのであろうか。英宗の勅諭にもかかわらず、それは、何ら制限・拘束の効果を上げることができなかったというのが実情であった。その理由については、先に（正統七年（一四四二）春正月）に勅諭を賜った大同総兵官武進伯朱冕・参将都指揮同知石亨と二月に今回のオイラート使臣団の大同・京師間の往還に費やした経費を上奏した総督大同等処粮儲山東布政司右参政沈固（その後、戸部右侍郎に陞転）の三人が、九月に連名で呈上した上奏文によって知ることができる。上奏文に言う。

比ごろ、旨を奉じて、瓦剌朝貢使臣の入関する者は、三百人を踰ゆるを得さしむること毋く、余は悉く猫兒荘に留め、以て使臣を俟《ま》ち、同に回らしむ。茲者、瓦剌使臣朝貢して邇に在り。切に、夷人の王化を識らず、従人を帯来すること必ず多く、苟も法を執りて、之を拒めば、必ず嫌隙を生じて、釁端《きんたん》を起すを慮れり。臣等集議して、其の使臣三百人の外、余の者も亦、入関せしめ、宴待・糧を糗すること例の如くせしむ。第《ただ》、人には車輌を給せず、馬には芻料を支せず。此の如くすれば、則ち騎負する者は必ず羸敗《るいはい》を致し、控引する者も亦、瘠損すること多し。之を罷げば、則ち価登らず、之を存せば、則ち料敷《た》らず。原直虧《か》くこと有れば、貪心必ず戢《や》み、下年の来使は自ずから能く減少せん(48)。

ここには、英宗の上奏を受けて、朱冕・石亨・沈固が取った方針とその目論みが述べられている。朱冕等三人は、英宗の勅諭の「三百人だけを赴京させ、残りは大同の猫兒荘に残留させる」という指示を尊重しつつも、それを貫徹化すれば、オイラート使臣団に対応できないと判断したのである。そのように赴京組に制限を加えた場合、「王化を識らず、従人を帯来する」ことの多いオイラート使臣団が、「必ず嫌隙を生じて、釁端を起す」ことを懸念したのであった。そのため、赴京者数に制限の加わった「三百人」以外の者も入関させ、京師に行かせることにしたのである。その際、「三百人」の使臣団以外には、車輛と馬に食わせるかいば（芻料）は与えない。とすれば、持参の馬に乗って行くか、引いて行くか、いずれにしても、京師に到着したときには、馬は羸弱して高値では売れず、かといって、いつまでも売り惜しんでいると芻料の不足を来たすし、結局二進も三進も行かず、来年からの朝貢では、その使臣団の総数を減らして来るであろうと、予測したのであった。

英宗の方針、すなわちオイラート使臣団の赴京組を三〇〇人に限定するという指示に対して、大同現地の高官達は、そのような制限を加えることの困難さを感じ取って、徹底化しようとしなかったのである。現地サイドでは、明廷中央の指示に拘束されず、また中央に判断を仰がないまま、「苟も法を執りて、之を拒めば、必ず嫌隙を生じて、釁端を起す」ことを懸念するということを名目に、三〇〇人と定数の決められた赴京組の外にも、赴京を希望するものたちの大同・京師間の往還を許可したのであった。オイラート使臣団の受け入れに関して、明廷中央と大同とでは、かなりの温度差があったことがわかる。

英宗の勅諭による指示は、このように、現地で遵守されず、そのために、その実効性を喪失してしまった。これに対して、明廷中央の反応はすばやく、朱冕等三人の上奏をうけると、すぐさま再び勅諭を下した。それに、

> 奏を得、北虜を処置するの事宜は、用心周密を見るに足れり。但だ去歳、曾つて勅を遣わし、脱脱不花王及び也先に与えて言う、多く人を遣わし来るべからず、と。今、若し一概に、又縦に入関せしむれば、爾後何を以て信を示さんや。勅至り、若し彼の使臣、境に至らば、爾等即ちに太監郭敬と会議し、事情を審度せよ。或いは敬は、石亭と同に精鋭の官軍を量帯して前去して接取せよ。就《つ》いで、都指揮陳友等と籌議して、先に緊を要する人をして、暫く猫兒荘において、以て放牧を裹《おさ》めしめ、人を遣わして星馳し具奏せよ。処置は仍お須らく用心して照管し、所を失わしむることなかるべし(49)。

とある。この勅諭では、オイラート使臣団に対する朱冕等の処置を一応評価しつつも、前年トクトブカとエセンに与えた勅諭において朝貢の人数を抑えるように指示したにもかかわらず、来朝して来たものを全部ひっくるめて赴京させるとすれば、言っていることとやっていることとに齟齬を来たし、信用を失うと懸念している。そのため、次回からの来朝においてとるべき細かい注意点を指示したのである。前掲史料の繰り返しになるが、煩をいとわず書き出せば、

①大同総兵官朱冕等は、大同鎮守太監の郭敬と一緒に事情を審査すること。

②郭敬は、参将都指揮同知石亭とともに精鋭の官軍を引き連れて前進し、オイラート使臣団を迎接すること。

③ついで、都指揮陳友等と籌議して、先に緊を要する人（正副使を含めた赴京組のことであろう）をして、
　暫く猫兒荘に留めて、その間放牧させること。
④人を遣わして素早く具奏すること。
⑤その間のオイラート使臣団に対する取り扱いは、心を労して世話をすること。

となる。①②に出て来る人達は、いずれも大同鎮関係者である。かれらに、大同にやって来たオイラート使臣団の世話を命じているのである。それに対して、③に都指揮陳友等とある陳友は、大同鎮に在任していたものではなく、錦衣衛所属の衛所官であった。陳友は、オイラート使臣団の往還を護衛するために、幾度も中国・モンゴル間を往復した経験の持ち主であった。『英宗実録』正統七年（一四四二）十一月壬午（二十六日）の条に、

章官保・梁貴に命じて正副使と為し、瓦剌に使いせしむ。元年より以来、康能・陳友、凡そ六たび瓦剌に使す。是に及んで、上、友等の連歳にして劬勩《くせい》し、宜しく休息せしむるべきの故を以て、更めて官保等に命じると云う。

とある。中国・モンゴル間を往還した護衛軍のことは、別の機会に詳しく検討することにするが、モンゴルからオイラート使臣団に付き添って来たため、オイラート使臣団の内情に明るい陳友等と大同鎮の総兵官朱冕等とが相談して、まず正副使以外の赴京組を決めて、しばらく猫兒荘に留めおき、その間に使者を京師に疾行させて上奏し、皇帝の指示を仰げと命じているのである。明廷中央は、大同現地が勝手に判断して、赴京させるのではなく、あくまでも中央の指示に従うことに固執した。

明廷中央が特に固執したのは、赴京組の定数枠の徹底化であった。この時のオイラート使臣団の卯失剌・孛端等に下した勅諭の中でも、

爾等、天道を敬い、朝廷を尊び、数千里を遠しとせず、使を奉じて来朝す。朕深く嘉悦せり。已に内官林寿を遣わし、及び縁辺の鎮守総兵等官に勅して、例の如く館待し、人を遣わして護送し来京せしむ。……今年春、勅諭して、自後少なく人を遣わして来たらしむ。亦、大同総兵・鎮守官に勅して、正副使の定数を除くの外、凡《すべ》ての従人及び貿易の人は、悉く猫兒荘に留居せしむるに、今聞く、爾の処の遣わし来るの人、仍お復び過多なり、と。(50)

と述べているように、正副使を含めた赴京組に一定の定数枠を嵌め、それ以外の全ての「従人及び貿易の人」については、赴京組が大同に戻るまでのしばらくの間、猫兒荘に居留させるという方針を貫徹させようとしたのである。しかし、これもオイラートの方から反故にされ、もとどおりの、明廷中央から見れば、多すぎると認識するような人数の使臣団がやって来たのであった。そこで、卯失剌・勃端等に対して、明側の方針を重ねて伝えるべく、このような勅諭を下したのであった。

明廷中央が、執念深くという表現が相応しいほど、このように、赴京組の定数にこだわったのは、何故であったのであろうか。有り体に云えば、それは、赴京組の規模が過大であることによって、様々な問題が生じることを懸念したからであった。その問題点を上げれば、大きくは三点に集約することができよう。第一点は、オイラート使臣団絡みの事件・トラブルの発生である。第二点は、オイラート使臣団の大同・京師間の往来、ならびに京師滞在中における密貿易の常態化である。第三点は、大同・京師間の往来に際

して、明側が持たなければならない経費の肥大化である。そこで、以下、右の三点について、見てゆくことにしよう。

まず、第一点に関しては、右の卯失剌・孛端等宛の勅諭のつづきに、

況んや人を遣わすに、動もすれば、千を以て計うをや。其の間、寧んぞ分を越え理に違う者なからんや。爾等、宜しく朕の眷待の意を体し、従人及び貿易の人に戒約し、それぞれ礼法に遵うべし。事を生じ人を擾がすを許さざれば、和好を永遠に保つべくに庶幾からん。

とあるように、使臣団が、大同・京師間を往還する間に巻き起こす事件・トラブルは少なくなかったのである。オイラート使臣団正副使に下す勅諭においては、その末尾に、「従人及び貿易の人に戒約し、それぞれ礼法に遵うべし。事を生じ人を擾がすを許さず。」に似た文言が付されることが、例えば、正統八年（一四四三）九月に、瓦剌使臣朶脱兒知院・太尉把失罕・都指揮平章皮兒馬黒麻に対して下された勅諭に、

仍お従人に戒飭して礼法を遵守せしめ、縁途に事を生じ人を擾がすべからず。(51)

とあり、また正統十年（一四四五）九月に、瓦剌来朝正使皮兒馬哈麻・副使完者帖木兒等に宛てた勅諭においても、

往年、差わし来る使臣、官府を攪擾し、軍民を打傷する者有り。爾、宜しく禁約を厳切にし、務めて分に安んじ法を守らんことを要むべし。事を生じ人を擾がすを許さず。(52)

とあるように、一種の定例となっていた。

だがしかし、この文言は、単に紋切り型的慣用句というものではなかった。明廷中央の切実なる警告で

あった。オイラート使臣団が起こす事件は、いろいろ様々であった。使臣団が被害を受ける場合もあれば、加害者になる場合もあった。いずれにせよ、問題・トラブルを生じさせないために、使臣団が赴京してくると、『英宗実録』正統四年（一四三九）九月乙丑（二十日）の条に、

上、瓦剌脱歓の使、将に至らんとするを以て、行在都察院に詔して、榜を掲げ、軍民人等に、肆に欺侮する毋れ、携する所を侵盗する毋れ、之と交易して価増溢する毋れ、貨を得て兵器を与える毋れ、私かにともに語る毋れ、敢えて違う者あらば、海南に謫戍すと戒しむ。仍お錦衣衛に命じて之を伺察せしむ。

とあるように、都察院に命じて、軍民人等に対する五項目に亙る禁止事項を書き出して、違反したものがいれば、執えて海南に謫戍すると榜示させたのである。しかも、錦衣衛の官軍を動員して、これが遵守されているかどうか伺察させたのであった。

しかしながら、このような防止策を前もって講じても、それでも、事件・トラブルは起きた。翌十月のことである。

瓦剌貢使の銀を竊む者有り、之を獲う。命じて会同館に斬し、以て狥う。行在都察院、館の門外及び貢使の往来して経るところの道中に榜を掲げて、衆に諭さんことを請う。之に従う。(53)

とあるように、オイラート使臣の銀が盗まれ、その犯人が斬刑に処せられるという事件が発生した。そのため、軍民人等に禁止事項をさらに周知徹底させるために、会同館の門外のみならず、オイラート使臣団が往還に用いる街道にも榜示することにした。

このように、軍民人等に注意を喚起するべき対策をとっても、事件やトラブルは、絶えることなく発生した。正統十一年（一四四六）正月には、大同総兵官武進伯朱冕・宣府総兵官武定侯郭玹等に勅諭を下して叱責している。むしろ激怒して勅諭を下したというべきであろう。勅諭に言う。

曩《さき》に瓦剌使臣の来朝するに因り、しばしば爾等に勅して、官軍を選撥して護送せしめ、及び軍民人等に厳禁し使臣の駝馬・行李等の物を盗竊するを許さず。今、彼の正使皮兒馬黒麻等、途に在りて駝二隻・馬六十八匹を走失すと奏称せり。其の自《よ》る所を原《たず》ぬるに、乃ち爾等の禁治に法無く、護送の官軍に其の人を得ず、朝廷の夷人を待する恩信の意を失するを致せり。況んや、去歳、朝廷、使いを遣わして彼に至り、馬匹等の物を失するに、也先皆追索し送還すること有るをや。今、彼の使臣、爾等所轄の地方において、馬駝を走失すること数多なり。爾等は将となりて辺を守るも、疎略なること此くの如し。寧くんぞ、彼に伝聞するを愧ずること有らざらんや。何を以て朝廷の禁令を示さんや。或る奸人の言を構え釁を啓くは、必ず此れに由らん。今、姑く爾等の罪を記し、勅至らば、須らく法を設け、前項の失する所を挨究すべし。果たして、実蹟の者あらば、擒問追治せよ。今より凡そ使臣に、途中に失すること有らば、必ず罪して貸《ゆる》さず。(54)

この直截的な物言いをみれば、英宗の、引いては明廷中央の怒り心頭の様相が手に取るようにわかり、ことさらに説明を加えることは贅語に等しい。オイラート使臣団の携行した馬駝をはじめとする物品の喪失、それは、多くの場合盗竊にその原因があったので、そのようなトラブルが起きることは、明朝の威信にかかわると、明廷中央は認識したのであった。このような事例のわずかな提示によっても知られるように、京師滞在中、大同・京師間往還中のいずれを問わず、オイラート使臣団が盗竊に遇うことは多かった。そのような問題が起こらないようにするために、警備を厳しくすると、逆にオイラート使臣団が無用の疑念を抱いた。景泰四年（一四五三）春正月のことである。錦衣衛千・百戸銭順等は、つぎのように上奏した。

瓦剌使臣察占等、会同館に在りて議説す、朝廷多く軍馬を館の門外に遣わし囲守するは、意、我等を擒殺するに在り。……若し事、果たして変有らば、即ちに力を併せて、馬を搶い、火を縦ち、人の室盧を焚き、以て出路を求めん、と。[55]

明側としては、オイラート使臣団を警備するために軍馬を会同館の門外に配置したに過ぎなかった。しかし、これを見た使臣察占等は、異常なパニックを起こしたのであった。錦衣衛の銭順等の上奏を覧た英宗は、ただちに礼部の臣に対して、

卿等、亟《すみ》やかに通事をして察占等に説与せしむべし。朝廷の汝の衆に恩すること甚だ厚く、小人の間に乗じて、貨財を竊取するを恐れ、故に軍馬を遣わし、昼夜防護す、何ぞ妄りに疑心を起こすべけんや、朝廷の美意に負くこと有らんや、と。[56]

とあるように、使臣察占等に対して事情を説明することを命じた。「小人の間に乗じて、貨財を竊取する」ことの頻発を恐れて、明側は、警固を厳重にしたのであるが、それは無用な、しかも過剰なる反応ともいうべき誤解をオイラート使臣団に抱かさせるという予期せぬ結果を生んだのであった。

ともあれ、来朝の使臣団が、盗竊等の被害をうけることは、明の威信にもかかわることであり、明廷と

しては、十全なる対策を講じる必要があった。

以上は、オイラート使臣団がうけた被害の様相であったが、その一方で、オイラート使臣団の構成メンバーが、加害者になった事件・トラブルの発生も少なくなかった。

正統七年（一四四二）九月に瓦剌使臣卯失剌・孛端等に下した勅諭の一節に、
去年、使臣及び貿易の人衆きに因り、其の中に酒を縦にし、分を越えて縁途に軍夫を殴傷する者有り。(57)

とあり、前年度にトラブルが起きたことを述べている。使臣団の数が多ければ多いほど、素行の悪い者や酒癖の悪い者、不心得の者等が増えるのは自明のことである。軍夫殴傷事件は、酩酊者が引き起こしたという。これより先、同年正月に、使臣団がモンゴルへの帰途についた時に、モンゴルに無事に送り届けるために、正使は都指揮僉事陳友・王政、副使は李全・季鐸からなる護衛軍が組成された。正副使は、その時、トクトブハとエセンとにそれぞれ齎すべき勅諭を携行した。その中のエセン宛の勅諭に、オイラート使臣団の構成員が仕出かした事件について触れている。これと右の殴打事件とは、同じものを指しているのではないかと思われるので、その事件の具体的内容を見てみよう。エセン宛の勅諭に言う。

近ごろ、使臣脱木思哈等を遣わし、奏を齎して来たり、方物を貢ず。是れ能く天道を敬順し、以て爾の祖父の志を継ぐ。朕甚だ嘉悦せり。今、使いを遣わして勅を齎し往きて、朕の意を諭し、并びに賜うに服用の物を以てす。来使、大同駅において役に服する軍人陸弘得の肢体を傷残する者有り。又四人、駅前において婦女を追狎して、遂に百戸晏昱の母を傷つけり。有司倶に罪を治せんことを請う。朕、太師の遣わす所の人なるを以て、曲げて之を貸《ゆる》す。脱木思哈等をして率いて去らしむ。太師の自ら治するを聴す。此れより後、人を遣わせば、必ず須らく戒飭を厳切にし、小釁に因りて以て和好を傷つけること毋るべし。(58)

オイラート使臣団の中の或るものが、大同駅で衛所軍の陸弘得を負傷させ、また四人が婦女を迫狎して、その揚げ句、衛所の百戸晏昱の母を負傷させたという。陸弘得は、この時「役に服する」とあるから、来使を京師に護送するために衛所から調撥されて、その任務についていたものと思われる。ところが、殴打されて肢体の損傷を蒙ったのである。エセン宛の勅諭と瓦剌使臣卯失剌・孛端等に下した勅諭に見える事件が同じものを指称するのであれば、酔っ払い者の愚行ということになる。大同駅では別の事件も生じた。モンゴル人四人が「婦女を迫狎」したという。「迫狎」とは、迫りもてあそぶという意味であるから、多分強姦なる行為を曖昧に表現したに過ぎないものと思われる。殴打や強姦等、大同の人民を震撼させるような事件・騒動を起こしても、そして有司からこもごも、犯罪をとり調べて裁かんことを上奏されても、しかし、明廷中央では不問に付し、その処罰をエセンに委ね、エセンがその後に送り出す使臣団に対して、そのような事件・騒動を起こさないように厳しく戒飭を加えることを要求するに止まった。

極めて消極的な、このような対応に終始していたならば、オイラート使臣団が一定の緊張を保ちながら、粛々と朝貢という行為を全うすることは、到底期待できなかった。景泰元年(一四五〇)十二月には、皇帝のお膝下の北京城で大騒動を起こしている。給事中程信等は、その目撃談として、つぎのように上奏している。

昨日、臣等、長安左門外において、瓦剌の朝貢して回還する使臣の、玉河橋の東西街に在りて往来の人馬を搶奪する者有り、趕逐せられて跌傷する者有り、殴られて幾ど死する者あり、又馬に騎り長安左門に直入せんと欲し、守衛の官軍に往くを攔阻せらる者有るを見る(59)。

オイラート使臣団が巻き起こした乱暴狼藉振りが、この短い文言中から、手に取るように看得される。

程信等は、続けて、

臣等観るに、其の輦轂《れんこく》の下に在りて、尚敢えて搶奪を恣肆にするは、則ち其の不庭の心を包蔵すること昭然たること見るべし。乞う、該部に勅し通事をして戒諭し、及び兵部并びに総兵等官に勅して厳しく軍馬に操練を加え、以て不虞に備えんことを。

と言っている。輦轂の下、すなわち皇帝のお膝下、京師・首都において、このような事件を起こすとは、「不庭の心を包蔵すること昭然」だと強い調子で批判している。しかし、そのような騒動・事件に対する対処法としては、結局のところ、使臣団に同行する明の護衛軍付きの通事を介して訓戒すること、軍馬を訓練して不慮の事態に備えるということしか提案できなかった。これに対して、皇帝の裁可は下りたけれども、程信等の提案も、所詮弥縫的消極的なものに過ぎず、オイラート使臣団に騒動・事件を起こさせないようにするための特効薬とはなり得なかったであろう。

また、女直使臣との間で喧嘩沙汰を起こしたこともある。正統八年（一四四三）春正月早々のことであった。それも、新年を寿ぐ元旦の儀式に参加して宴を賜った後の、帰りしなのことであった(60)。『英宗実録』同年同月己巳（十二日）の条に、

瓦剌使臣卯失剌等、慶成宴畢《おわ》り、長安左門に出るや、女直使臣と喧呼忿争し、衛士の兵械を奪って之

を殴傷す。事聞するや、上曰く、夷狄素より礼儀無し、酔飽の故を以て之を責むるべからず、宜しく虜王に諭して自治せしむべし。

とあるように、長安左門のところで、女直使臣を相手に大声で喚きながら大喧嘩をしたのであった。英宗は、このオイラート・女直の使臣同士のトラブルは、酒の上のことであるとして不問に付した。元旦の式典で出した酒に酔っ払って、紫禁城と官衙街との間に挟まった目抜き通りの長安左門でトラブルを起こされては、明廷としても、甚だ困ったことであったにちがいない。それでも、かかる当事者をどのように処罰するか、それは、この時のオイラートの王、すなわちトクトブカに任せるよりほかはなかったのであった。

以上に見てきたように、オイラート使臣団は、赴京の際、あるいは京師滞在中、しばしば事件・騒動・トラブルを起こした。それを起こさせないようにするための有効な手立てや予防策を明廷は持ち得ず、せいぜい勅諭の中に、「従人及び貿易の人に戒約し、それぞれ礼法に遵うべし。事を生じ人を擾がすを許さず。」の類いの文言を入れて、トクトブハなり、エセンなりを介して説諭させ、使臣本人達の自覚を促すという迂遠且つ弥縫的な方法しかなかったのである。かかる紋切り型文言が勅諭にあるのは、決して慣用句としてはめ込まれたのではなかったことが、以上によって知られるであろう。

つぎに、第二の問題点、密貿易の問題に論点を移そう。正統七年(一四四二)十月における巡撫大同宣府右僉都御史羅亨信の上奏に、

比ごろ聞く、瓦剌貢使、京に至るや、官軍人等亡頼の者、弓を以て馬に易え、動もすれば千を以て数

う。其の貢使、弓を得るや、潜かに衣篋に内《い》れ、境を踰えて始めて出す[61]。

とあるように、オイラート使臣団が京師にやって来ると、いろいろな人が国外流出厳禁の武器類をもって、モンゴル馬を求めているのである。このような密貿易は、武器等の流出の他に、別な問題をも引き起こす可能性があった。『英宗実録』正統四年（一四三九）十月戊戌（二十三日）の条に、

其の後又、在京の軍民の、瓦剌貢使と交易するは、其の中国の虚実を透漏するを恐るるを以て、悉く之を罪し、得る所の馬匹・貂皮は、倶に追って官に入れしむ。

とあるように、明廷では、密貿易という不法行為を介して、中国の様々な情報がモンゴルに漏洩しかねないことを懸念して、密貿易を行う中国人に対しては罪を問い、オイラート使臣から入手した馬匹・貂皮は没収することにしたのであった。

こうした問題を孕む明・モンゴル間の密貿易については、すでに論じたことがあるので[62]、それを参照されんことを請い、つぎに第三の問題、すなわちオイラート使臣団の大同・京師間の往来、ならびに京師滞在中に必要な経費の問題について見てみよう。

さきにも触れたように、オイラート使臣団が大同にやって来ると、大同の総兵官等は、使者を遣わして、そのことを明廷中央に伝えた。明廷では、そこで内官等を大同に遣わし、総兵官等に向けた勅とオイラート使臣団の正使等に向けた勅を齎した。前者向けの勅では、オイラート使臣団の赴京に関しての指示を、後者向けの勅では、遠路はるばる来朝したことを慰労し、あわせて礼法を遵守し、縁途にて事を生じ、人を擾がすことのないように戒めたのであった。例えば、正統八年（一四四三）九月に、瓦剌使臣朶脱児知

院・太尉把失罕・都指揮平章皮兒馬黒麻に下した勅諭において、

爾等、数千里を遠しとせず、使いを奉じて来朝す。縁途跋渉し労勤なること、朕深く嘉念せり。今、内官林寿を遣わし接待せしむ。及び大同等処の総兵・鎮守等官に勅して、車輛を応付し、人を遣わし護送せしむ。爾等、従容として来京すべし。仍お従人に戒飭して礼法を遵守し、縁途事を生じ、人を擾がすべからざれば、朕の眷待の意に副うに庶からん。(63)

とあり、また正統十一年(一四四六)冬十月に、瓦剌の来朝正使孛端・副使失蘭火者等が大同に来た時に与えた勅諭において、

爾瓦剌、朝廷を尊事し、爾等を遣わして遠来より朝貢す。縁途跋渉し労勤なること、朕深く嘉念せり。今、太監劉増を遣わして前去し接待せしむ。大同等処の総兵・鎮守等官に勅して、車輛馬匹を応付し、人を差わし護送せしむ。従容として来京せよ。往年、差来せること衆く、使臣及び従人の内には、官府を攪擾し、軍民を打傷すること有るも、しばしば嘗て寛宥せり。爾等、今宜しく禁約を厳切にし、務めて分に安んじて法を守るべし。違う者は、爾等即ちに情を量りて懲戒し、重き者は実を具して処置すれば、朕の眷待の意に副うに庶からん。(64)

と述べているように、明廷は、オイラート使臣団が「従容として」つまり、ゆったりと落ち着いて来京することを希求したのであった。明廷が、オイラート使臣団を護送する態勢をとったのは、そのためでもあった。

その護送の任務を担うのは、衛所の官軍であった。護送のために、かれらを動員すれば、当然その行糧

の手当も必要となった。むろん、オイラート使臣団が大同・京師間を往来する期間の食糧の手当も必要であった。

必要な経費を少しく具体的に見てみよう。オイラート使臣団の大同・京師間往還に際して、日々に支給される口糧について、万暦『大明会典』巻一一五、礼部七十三、膳羞二、下程、欽賜下程に、

> 凡そ使臣進貢すれば、沿途にて廩給の口糧を関支し、回還も亦之の如し。惟、朝鮮・占城・琉球・爪哇・暹羅・満剌加・日本・錫蘭山・迤北・哈密・瓦剌・撒馬児罕・吐魯番の使臣の回還には、沿途廩給の口糧を除くの外、仍お日々下程一処を支す。

とあり、政府の米倉から米穀が支給されたので、往還の際の食費を事欠くということはなかった。正統三年（一四三八）令では、オイラート使臣団に関して、

> 十人毎に五日一次羊二隻、酒十五瓶、柴薪厨料。

と前項の続きにあるから、五日毎に十人を一単位に羊二隻、酒十五瓶と柴薪厨料を支給したのであった。さらに、同書、巻一一四、礼部七十二、精膳清吏司、管待番夷土官筵宴には、

> 瓦剌、筵宴二次、正統間、使臣の進貢、大同に至れば茶飯の管待一次、良郷に回還すれば湯飯、真定・陝西布政司甘粛に至れば、それぞれ茶飯もて管待す。

とあって、往きは大同において、回還時には良郷・真定において歓待することになっていた。大同の歓待は、館待あるいは館宴と呼ばれた。館待される場所は、『英宗実録』景泰元年（一四五〇）七月丙寅（二十四日）の条に、

大同総兵等官言う、往時、大同、北使を接待す。倶に東関館駅において供帳し飲食せしむるに、預め儲備を為すこと清潔豊厚なり。

とある東関館駅であった。

大同の負担について、山西大同府推官の孫睿は、

瓦剌使臣、毎年大同を経過す。費やす所、甚だ多し。比ごろ、旨を奉じて、本処の軍民の税糧を以て、筵宴飲食の費に備う。(65)

と述べて、接待にかかる費用が甚大であったとしている。大同左参将都督僉事石亨は、大同の負担について、孫睿よりも一層具体的に、

牛羊三千余隻・酒三千余罈・米麦一百余石を供す。鶏鵝花果の諸物は其の数を計うる莫し。(66)

と述べている。

以上のように、大同・京師間を往還する際には、毎日の口糧、五日毎の羊と酒、燃料として柴薪、それに加えて大同・良郷・真定における接待を行うのであるから、赴京するオイラート使臣団の総数が増えれば増えるほど、必要な経費もまた、それに比例してどんどん膨らんでいった。

ところで、貢物としての駝・馬は、生き物である。正統三年（一四三八）春正月に大同総兵官都督陳懐等に下した勅諭には、

勅至れば、爾即ちに正使三五人をして赴京せしめよ。貢する所の馬駝は、人をして代送せしめよ。(67)

とあり、赴京組の人数が少ない時においては代送させていた。赴京組が少なければ、それに比例して馬駝

の数も少なく、そういう代送も可能であったのであろう。

ところが、赴京組の人数が増え、京師にまで携行する馬駝の数が増えるようになり、その方針を転換しようとした。正統七年（一四四二）九月に大同総兵官武進伯朱冕・参将都指揮同知石亨に下した勅諭によると、

今、瓦剌の朝貢使臣衆多にして、理に於いては宜しく前勅の如く量を約して入れしむるべきなるも、第《ただ》天寒く、若し之を遣わして回らしむれば、必ず所を失うに至るを念う。勅至れば、爾等、其れをして大同に来たらしめ、例の如く館宴し、起送して赴京せしむべし。其の貢せる駝馬は、所在の馬軍を量撥して、都指揮陳友等と同に水・草に随って放牧して前来し、縁途に芻料を支せず、亦必ずしも人を撥して控御せず、如し草処無ければ、量を酌して支用せよ。(68)

とある。原則としては、自然に茂生している草を食わせてエサとし、特別に芻料を与えることはせず、また人の手当をして馬駝を代送することもしなかったのである。この方針を貫徹すれば、大同から京師に移動する間の芻料の手当も、馬駝を控馭する人の手当も、不要となるはずであった。しかしながら、数千に上る馬駝を携行して、(69)長城沿いに京師に向けて進んでいけば、草の生えているところよりも、むしろ草の生えていない場所の方が多かったであろう。当然、「草処無ければ、量を酌して支用」せざるをえないことが多かったに違いない。芻料の手当は、結局減少することはなかったであろう。その後、正統十年（一四四五）十月、戸部の上奏によって、トクトブハとエセンの遣わす朝貢使臣ならびに買売回回の帯来する馬駝に対する草料支給の則例は、

初め京に到る馬駝には草半束を与え、半月過ぎれば増して一束に至り、十一月半ばに至れば、匹毎に料豆一升を支与す。(70)

と決められ、一定の数量を段階的に与えることとなった。

使臣団は、やがて京師に到着する。

使臣団を京師に滞在させている間の費用もまた、決して無視出来なかった。会同館に宿泊することになるが、滞在中の日々の食費、京師に到着した時の筵宴の費用、正旦節の賜宴、朔(一日)・望(十五日)の朝見の際の賜宴、ならびに辞去する際の賜宴等の経費と、順々に費目を上げていけば切りがないほどである。(71)これに加えて、回賜の品を手当しなければならないことは、もちろんのことであった。

むすび

以上、本章では、朝貢の持つ表の顔ではなく、裏面の素顔を照射することによって、朝貢が齎す〝傷痕〟を摘出して、朝貢の負の側面を浮き彫りにしてきた。

朝貢は、明朝にとっては威信・威霊の具現であったけれども、それがスムーズに具現していくためには、朝貢が属性として生み出す様々な、いうなれば〝毒素〟を中和させなければならなかった。オイラート使臣団絡みの事件・トラブルの発生を未然に防ぐための対策、密貿易を撲滅するための対策、使臣の送迎を円滑にするために必要な膨大な人的金銭的費用の手当。

明代に朝貢にやって来たのは、むろんオイラートだけでなかった。中国近隣のあらゆる国が朝貢にやってきた。従来、中国の歴代王朝と近隣諸国とのそれぞれの国家間的朝貢貿易の研究は、少なからざる研究の蓄積があるが、本章では、内と外との相互交通の場でもある長城を往来するオイラート使臣団の、その「往来」そのものが内包する問題に重点をおいて検討した。

註

（1）『英宗実録』正統十三年（一四四八）十二月庚申（八日）の条。

（2）同右書、正統十四年（一四四九）秋七月己卯朔（一日）の条。

（3）モンゴルの侵寇の気配に対する明の防衛態勢の強化については、註（2）の同条に、「上命兵部、即移文山西都司、令将偏頭関下班官軍催促、限七月以裏、到関防守、仍令忠将両班官軍如法操練備賊。」とある。これは、侵寇の気配を上奏して来た偏頭関都指揮杜忠に対して、明廷が対応したものであるので、山西三関鎮の一つである偏頭関に対する指示という形になっているが、注目すべきことは、班軍番戍軍の残留である。班軍番戍は、春班と秋班からなる。春班として上班した場合には、本来ならば、七月の初めには任務が終わって下班するところであったが、七月一杯という期限付でそのまま偏頭関において守備にあたったというわけである。そして、杜忠が、残留したその春班軍と任務に就くべく上班してきた秋班軍とを、ともに操練して、モンゴル軍の侵寇に備えたという。本来番戍軍は上班が終了すると、休息養鋭すべく下班したのであるが、その下班軍が、一カ月とはいえ残留させられたのは、班軍番戍制の原則からいえば、その運用原則に抵触する事柄であった。かかる原則を破ってまでも、北辺防衛に下班軍が転用されたのは、この間の明側の緊張を示すものであろう。なお、通常、偏頭関に番戍する衛所は、山西の鎮西衛・太原左衛・潞州衛等であった。班軍番戍の問題については、拙著『明代中国の軍制と政治』（国書刊行会、二〇〇一年）「前編第一部第四章　班軍番戍制」参照。

（4）英宗がモンゴル軍の捕虜になるまでの過程については、拙著『モンゴルに拉致された中国皇帝－明英宗の数奇なる運命－』（近刊予定）「第一章　天子の大軍、壊滅す」参照。

（5）『英宗実録』正統七年（一四四二）春正月戊寅（十六日）の条。

（6）原田理恵「オイラートの朝貢について」（『佐久間重男教授退休記念中国史・陶磁史論集』燎原書店、一九八三年）。原田論文では、永楽期から土木の変に至るまでのオイラートの朝貢の趨勢について検討がなされている。

（7）註（5）に同じ。

（8）『英宗実録』正統六年（一四四一）冬十月癸酉（十日）の条。

（9）同右書、正統七年（一四四二）二月乙卯（二十四日）の条。

（10）同右書、正統七年（一四四二）十月戊戌（十一日）の条。

（11）同右書、正統七年（一四四二）十一月癸亥（七日）の条。

（12）同右書、正統九年（一四四四）冬十月癸丑（八日）の条。

（13）同右書、正統九年（一四四四）冬十月甲子（十九日）の条。

（14）同右書、正統十二年（一四四七）春正月己卯（十六日）の条。

（15）同右書、正統十二年（一四四七）十一月甲辰（十六日）の条。

（16）同右書、景泰元年（一四五〇）冬十月戊寅（八日）の条。

（17）同右書、景泰三年（一四五二）閏九月丙戌（二十七日）の条。

（18）同右書、景泰三年（一四五二）十一月丁丑（十九日）の条。

（19）同右書、景泰三年（一四五二）冬十月己丑朔（一日）の条。
（20）羅通が上奏すると、即刻施行されることになった報奨制度の内容については、『英宗実録』景泰元年（一四五〇）二月癸未（八日）の条に見える。この報奨制度の概要とその施行が明・モンゴル関係に与えた諸影響については、拙著前掲『明代中国の軍制と政治』「後編第七章　交戦烈々」参照。また、明の御用監であった太監喜寧の土木の変以後における動向については、本書「第三章　太監喜寧」参照。
（21）『明史』巻一六〇、羅通伝。
（22）羅通の提案に対して、景泰帝が不裁可にした、その理由を、詔の中で、

詔して曰く、虜賊は譎詐にして多端、帯来せる馬は倶に堪えず。若し其の価を増せば、是れ賊の計中に堕つるなり。言う所、行うべからず（『英宗実録』景泰三年（一四五二）冬十月己丑朔（一日）の条）

と述べ、オイラート使臣団が携行する馬匹を高値で引き取れば、ますます不良馬を持って来ると断じている。その背景には、日頃から「迤北使臣の進む所の馬は痩小にして堪えざること多し」という状況があったからである（同右書、正統八年（一四四三）冬十月庚寅（九日）の条）。この詔（実際は羅通宛の勅諭と言うべきである）は、手続きとしては兵部の覆議を経て下されるものである。とすれば、当該時期の兵部尚書于謙を中心に覆議・覆奏がなされたことは間違いない。于謙の、土木の変以後の対モンゴル政策は、一貫して対決強硬の姿勢を堅持したものであった。かかる于謙でさえも、羅通のこの提案は現実性の薄い戦略と思ったものと思量される。
（23）『英宗実録』景泰四年（一四五三）春正月丙戌（二十八日）の条。
（24）同右書、景泰四年（一四五三）十二月甲申（二日）の条。
（25）同右書、正統五年（一四四〇）三月庚申（十八日）の条。

（26）オイラート使臣団に対する明の護衛軍については、別稿「護衛軍は往く」（仮題）を準備中である。
（27）『英宗実録』正統七年（一四四二）春正月癸未（二十一日）の条。
（28）オイラート政権の支配権力の有り様については、拙稿「瓦剌政権に関する一考察―とくに支配権力の様態についてー」（『東方学』第三十九号、一九七〇年）で検討した。参照されたい。
（29）同右。
（30）『英宗実録』景泰三年（一四五二）二月壬午（十八日）の条。「瓦剌太師也先、遣使齎奏来言、其故父奪治阿魯台部落、以可汗虚位、乃扶脱脱不花立之。也先姉為其正室、有子不立為太子、而欲以別妻之子立之、也先言之、不従。乃起兵来攻也先、中道而返。于是也先追与之戦敗之、脱脱不花王領其下十人遁、也先尽収其妻妾・太子・人民。」
（31）同右書、景泰三年（一四五二）九月庚子（十一日）の条に、「遼東軍人徐勝自虜中脱回言、景泰二年十二月二十八日、虜酋也先殺其主脱脱不花王、執其妻子、以其人馬給賞諸部属。」とある。
（32）この時、エセンが使臣哈只等に持たせた国書は、『英宗実録』景泰四年（一四五三）冬十月戊戌（十五日）の条に、その節略が収録されている。なお、大元田盛大可汗は、大元天聖大可汗の、添元元年は天元元年の誤りであることは、すでに早く和田清氏の指摘がある（『東亜史研究（蒙古篇）』〔東洋文庫、一九五九年〕「四、兀良哈三衛に関する研究下」三四五―六頁）。
（33）拙著前掲『明代中国の軍制と政治』「後編第八章　交渉再開」参照。
（34）『英宗実録』景泰五年（一四五四）十月甲午（十六日）の条。
（35）同右。
（36）和田清前掲『東亜史研究（蒙古篇）』三四九頁。

(37) エセン横死以後におけるモンゴル大混乱の渦中からの回生をめぐってあらわれたタタールとオイラートの相違の要因については、拙稿前掲「瓦剌政権に関する一考察―とくに支配権力の様態について―」参照。
(38) 皮兒馬黒麻・鎖魯檀は、それぞれ Pir Mahmud, Sultan を漢字化したものであろう。なお、皮兒馬黒麻は、その後、明に来帰した。天順元年(一四五七)七月にその属七〇余人を率いて来帰し、錦衣衛から房屋や器物等の生活必需品が支給され、また復辟した英宗から馬克順という漢名を賜与された(『英宗実録』天順元年(一四五七)七月甲子〔三日〕、丙子〔十五日〕の条)。
(39) 同右書、天順六年(一四六二)五月壬戌(二十八日)の条。
(40) 同右書、景泰四年(一四五三)十月丁未(二十四日)の条。
(41) 『皇明経世文編』巻二四六、胡荘粛公奏議に収録。
(42) 『英宗実録』正統三年(一四三八)春正月戊子(三日)の条。
(43) 同右書、正統七年(一四四二)春正月戊寅(十六日)の条。
(44) この日付の確定、ならびにこの前後のモンゴル軍の動向については、拙著前掲『明代中国の軍制と政治』「後編第六章　交渉途絶」参照。
(45) 和田清前掲『東亜史研究(蒙古篇)』三一一頁。
(46) 『英宗実録』正統七年(一四四二)二月乙卯(二十四日)の条。
(47) 官軍が衛所官と衛所軍を意味すること、ならびに官・軍・兵の違いについては、拙著前掲『明代中国の軍制と政治』「序説」参照。
(48) 『英宗実録』正統七年(一四四二)九月乙丑(八日)の条。
(49) 同右。

(50) 同右書、正統七年(一四四二)九月庚辰(二十三日)の条。
(51) 同右書、正統八年(一四四三)九月丙寅(十五日)の条。
(52) 同右書、正統十年(一四四五)九月壬辰(二十二日)の条。
(53) 同右書、正統四年(一四三九)十月戊戌(二十三日)の条。
(54) 同右書、正統十一年(一四四六)春正月丙戌(十八日)の条。
(55) 同右書、景泰四年(一四五三)春正月壬戌(四日)の条。
(56) 同右。
(57) 同右書、正統七年(一四四二)九月庚辰(二十三日)の条。
(58) 同右書、正統七年(一四四二)春正月癸未(二十一日)の条。
(59) 同右書、景泰元年(一四五〇)十二月壬申(二日)の条。
(60) 元旦の儀式の賜宴に出る料理・酒の種類と分量については、万暦『大明会典』巻一一四、礼部七十二、精膳清吏司、膳羞一、正元節、を参照。
(61) 『英宗実録』正統七年(一四四二)十月乙卯(二十八日)の条。
(62) 拙稿「明蒙交渉下の密貿易」(『明代史研究』創刊号、一九七四年)参照。
(63) 『英宗実録』正統八年(一四四三)九月丙寅(十五日)の条。
(64) 同右書、正統十一年(一四四六)十月戊戌(四日)の条。
(65) 同右書、正統十年(一四四五)十月庚戌(十日)の条。
(66) 同右書、正統十年(一四四五)十二月丙寅(二十七日)の条。
(67) 同右書、正統三年(一四三八)春正月戊子(三日)の条。

(68) 同右書、正統七年（一四四二）九月庚辰（二十三日）の条。
(69) この時の馬匹の数は、二五七三疋であった（同右書、正統七年〔一四四二〕十一月癸亥〔七日〕の条）。
(70) 同右書、正統十年（一四四五）十月己巳（二十九日）の条。
(71) 賜宴の種類とその時に出された品目については、万暦『大明会典』巻一一四、礼部七十二、精膳清吏司、膳羞一の諸項目を参照されたい。

後記

オフの日の私の標準的な一日の過ごし方は、きわめてシンプルである。

朝七時ころ起き、食事が済んだら、そのまま四畳半程度の狭苦しい書斎で仕事。仕事の中身は、当面構想中の問題に関する史料を見たり読んだり、時には書いたり。ゲラが届いていればそれを見たりして、正午まで過ごす。午後は一時間ほど散歩。夏の時期は、汗をかくのでシャワーを浴びるが、涼しくなるとそのままでなにもしない。

この散歩から帰ってからが自分にとっては、至福のときである。書斎の座椅子を倒して横着な態勢で、手元にある雑書を読み始める。自宅の周辺には、古本屋が四軒あるので、雑書の手当には困らない。一冊五十円・百円でいくらでも入手出来る。前年に「洛陽の紙価」を高めたような本まで激安で売られている。爆発的に売れて（むしろ暴発したというべきか）、著者をしてAV女優から一躍文豪ならしめた本なんぞも、もう百円玉一枚で買える。そのような調子であるから、専門書以外の新本を書店で買うことはめったにない。夕食・入浴を挟んでひたすら雑書の読書。そして、夜十時になると、ロックまたはお湯割りで焼酎を一杯飲み、そのあとは就寝。

こうして、私のシンプルな一日が繰り返される。

むしろ、意図的にシンプルに徹していると言うべきであろうか。だから、テレビを見るという時間帯はない。したがって、安倍なつみのことも、矢田亜希子のことも、名前は聞いたことがあるが、その容貌は知らない。

「運否天賦《うんぷてんぷ》」という四字熟語がある。

人の運命は、天の定めによるといわれている。とすれば、平均寿命なんていうものは、所詮単なる気休めであって、何の目安にもならないから、こんな生活をいつまで続けられるか、わからない。

現に、中国史研究に携わってから大凡三十年、たいした業績も積み上げぬまま、最近では身体のあちこちに痛みが走ったり、循環器に欠陥が見つかったりと、老いを迎える前に、病いを抱える身になってしまった。これから、病気と仲良く付き合いながら、多少なりとも研究を続けて行くとするならば、間口を広げないで、的を絞っていこう、野球の選手がバッターボックスに立って、アウトコースならアウトコースに、シュートならシュートに狙い玉を絞るように、己の念じる玉に絞っていこうと考えるようになった。その結果の一つとして、本書『明代長城の群像』が生まれた。本書における絞り玉は、「モビリティー」である。「モビリティー」には、職業・居住等の流動性、あるいは、動きやすさ、移動、というような意味がある。これをキーワードとして、本書全体を貫くキール（竜骨）とした。

平成十二年（二〇〇〇）から始まった村井章介東京大学教授が代表者である科研チーム（「八―十七世紀の東アジア地域における人・物・情報の交流」）に入れていただいたことも、本書刊行の促進に大いに益するところがあった。

以上、やや楽屋話風になってしまったが、本書の成立を有り体に言えば、このような自分自身の精神的肉体的変調に由来するところが大であった。といっても、本書を編むに当たって、苦心惨憺したわけではない。むしろ、楽しんで、その作業をおこなった。のびのびと書いて来た。しかし、重厚長大な著書ではなくても、長い時間、パソコン・ワープロと付き合っていれば、目も腰も痛くなる。指も頭も疲れる。労力は、それなりにかかっているのである。それだからこそ、注いだ労力に比例して、できあがった自著に愛着が湧くのである。

だから、性懲りもなく、早速、つぎの仕事にとりかかりたくなるものなのである。幸か不幸か（不幸に決まっているが）、世間が狭いので、時間は人並み以上にある。誰もが一日二十四時間を賦与されている。しかし可処分時間は、人様々である。大変多忙でほとんど私的な時間をもち得ない人もいれば、ほとんどが私的時間で一日が覆われている人もいるであろう。私は、ほとんどが私的時間とはいわないけれども、半病人ということもあって、可処分時間が多いことは事実である。これらの時間を有意義に使って、形を変えた続編をものしたいと念じている。

今般、本書を上梓するにあたって、またもや汲古書院のお世話になることになった。すでに『明代建文朝史の研究』、『明代異国情報の研究』の二冊を汲古叢書に入れて戴いた。今回は、年来の宿願がかなって、汲古選書に入れて貰うことができ、こんなに嬉しいことはない。坂本健彦氏、ならびに汲古書院のスタッフの皆様には、心より御礼申し上げる次第である。

また、本書の校正には、俗称「川越幇」のいつもの面々―荷見守義（弘前大学専任講師）・高遠拓児（中央大学兼任講師）・岩渕慎（中央大学大学院博士後期課程）の三君の助力を得た。記して感謝の意を表したい。

二〇〇三年二月

川越泰博

初出一覧

第一部　諜報・情報活動の担い手たち

第一章　明の間諜「夜不収」

〔原載〕明代北辺の「夜不収」について（『中央大学文学部紀要』史学科第四十六号、二〇〇一年）

第二章　モンゴルの諜者と奸細

〔原載〕明代モンゴルの諜報活動（一）—その担い手を中心に—（『人文研紀要』第四十四号、二〇〇二年）

明代モンゴルの諜報活動（二）—その担い手を中心に—（『中央大学文学部紀要』史学科第四十八号、二〇〇三年）

第二部　長城を往来する人々

第三章　太監喜寧

〔原載〕太監喜寧擒獲始末（『中央大学文学部紀要』史学科第四十七号、二〇〇二年）

第四章　錦衣衛校尉袁彬

〔原載〕明英宗回鑾後の袁彬について（『社会文化史学』第三十九号、一九九八年）

第五章　瓦剌使臣団がやってくる

（新稿）

著者紹介

川越　泰博（かわごえ　やすひろ）

1946年宮崎県日南市に生まれる。

1976年、中央大学大学院文学研究科博士課程単位取得。現在、中央大学文学部教授（大学院併任）、博士（史学）。

著書に、『中国典籍研究』（国書刊行会、1978年）、『北京小史』（国書刊行会、1982年）、『明代建文朝史の研究』（汲古書院、1997年）、『明代異国情報の研究』（汲古書院、1999年）、『明代中国の軍制と政治』（国書刊行会、2001年）、『明代中国の疑獄事件―藍玉の獄と連座の人々』（風響社、2002年）、『四字熟語歴史漫筆』（大修館書店、2002年）など。

汲古選書35

明代長城の群像

二〇〇三年三月　発行

著　者　川越泰博

発行者　石坂叡志

印刷所　富士リプロ

発行所　汲古書院

〒102-0072　東京都千代田区飯田橋二－五－四

電　話〇三（三二六五）九七六四

FAX〇三（三二二二）一八四五

ISBN4－7629－5035－1　C3322

汲古選書

既刊34巻

1 一言語学者の随想
服部四郎著

わが国言語学界の大御所、文化勲章受賞・東京大学名誉教授故服部先生の長年にわたる珠玉の随筆75篇を収録。透徹した知性と鋭い洞察によって、言葉の持つ意味と役割を綴る。

▼494頁／本体4854円

2 ことばと文学
田中謙二著

京都大学名誉教授田中先生の随筆集。

「ここには、わたくしの中国語乃至中国学に関する論考・雑文の類をあつめた。わたくしは〈ことば〉がむしょうに好きである。生き物さながらにうごめき、またピチピチと跳ねっ返り、そして話しかけて来る。それがたまらない。」（序文より）

▼320頁／本体3107円　好評再版

3 魯迅研究の現在
同編集委員会編

魯迅研究の第一人者、丸山昇先生の東京大学ご定年を記念する論文集を二分冊で刊行。執筆者＝北岡正子・丸尾常喜・尾崎文昭・代田智明・杉本雅子・宇野木洋・藤井省三・長堀祐造・芦田肇・白水紀子・近藤竜哉

▼326頁／本体2913円

4 魯迅と同時代人
同編集委員会編

執筆者＝伊藤徳也・佐藤普美子・小島久代・平石淑子・坂井洋史・櫻庭ゆみ子・江上幸子・佐治俊彦・下出鉄男・宮尾正樹

▼260頁／本体2427円

5・6 江馬細香詩集「湘夢遺稿」

入谷仙介監修・門玲子訳注　幕末美濃大垣藩医の娘細香の詩集。頼山陽に師事し、生涯独身を貫き、詩作に励んだ。日本の三大女流詩人の一人。

▼⑤本体2427円／⑥本体3398円　好評再版

7 詩の芸術性とはなにか

袁行霈著・佐竹保子訳　北京大学袁教授の名著「中国古典詩歌芸術研究」の前半部分の訳。体系的な中国詩歌入門書。

▼250頁／本体2427円

8 明清文学論
船津富彦著

一連の詩話群に代表される文学批評の流れは、文人各々の思想・主張の直接の言論場として重要な意味を持つ。全体の概論に加えて李卓吾・王夫之・王漁洋・袁枚・蒲松齢等の詩話論・小説論について各論する。

▼320頁／本体3204円

9 中国近代政治思想史概説

大谷敏夫著　阿片戦争から五四運動まで、中国近代史について、最近の国際情勢と最新の研究成果をもとに概説した近代史入門。1阿片戦争 2第二次阿片戦争と太平天国運動 3洋務運動等六章よりなる。付年表・索引

▼324頁／本体3107円

10 中国語文論集　語学・元雑劇篇
太田辰夫著

中国語学界の第一人者である著者の長年にわたる研究成果を全二巻にまとめた。語学篇＝近代白話文学の訓詁学的研究法等、元雑劇篇＝元刊本「看銭奴」考等。

▼450頁／本体4854円

11　**中国語文論集　文学篇**　太田辰夫著

本巻には文学に関する論考を収める。「紅楼夢」新探／「鏡花縁」考／「児女英雄伝」の作者と史実等。付固有名詞・語彙索引

▼350頁／本体3398円

12　**中国文人論**　村上哲見著

唐宋時代の韻文文学を中心に考究を重ねてきた著者が、詩・詞という高度に洗練された文学様式を育て上げ、支えてきた中国知識人の、人間類型としての特色を様々な角度から分析、解明。

▼270頁／本体2912円

13　**真実と虚構―六朝文学**　小尾郊一著

六朝文学における「真実を追求する精神」とはいかなるものであったか。著者積年の研究のなかから、特にこの解明に迫る論考を集めた。

▼350頁／本体3689円

14　**朱子語類外任篇訳注**　田中謙二著

朱子の地方赴任経験をまとめた語録。当時の施政の参考資料としても貴重な記録である。「朱子語類」の当時の口語を正確かつ平易な訳文にし、綿密な註解を加えた。

▼220頁／本体2233円

15　**児戯生涯　一読書人の七十年**　伊藤漱平著

元東京大学教授・前二松学舎大学長、また「紅楼夢」研究家としても有名な著者が、五十年近い教師生活のなかで書き綴った読書人の断面を随所にのぞかせながら、他方学問の厳しさを教える滋味あふれる随筆集。

▼380頁／本体3883円

16　**中国古代史の視点　私の中国史学(1)**

堀　敏一著　中国古代史研究の第一線で活躍されてきた著者が研究の現状と今後の課題について全二冊に分かりやすくまとめた。本書は、1時代区分論　2唐から宋への移行　3中国古代の土地政策と身分制支配　4中国古代の家族と村落の四部構成。

▼380頁／本体3883円

17　**律令制と東アジア世界　私の中国史学(2)**

堀　敏一著　本書は、1律令制の展開　2東アジア世界と辺境　3文化史四題の三部よりなる。中国で発達した律令制は日本を含む東アジア周辺国に大きな影響を及ぼした。東アジア世界史を一体のものとして考究する視点を提唱する著者年来の主張が展開されている。

▼360頁／本体3689円

18　**陶淵明の精神生活**　長谷川滋成著

詩に表れた陶淵明の日々の暮らしを10項目に分けて検討し、淵明の実像に迫る。内容＝貧窮・子供・分身・孤独・読書・風景・九日・日暮・人寿・飲酒　日常的な身の回りに詩題を求め、田園詩人として今日のために生きる姿を歌いあげ、遙かな時を越えて読むものを共感させる。

▼300頁／本体3204円

19　**岸田吟香―資料から見たその一生**

杉浦　正著　幕末から明治にかけて活躍した日本近代の先駆者―ドクトル・ヘボンの和英辞書編纂に協力、わが国最初の新聞を発行、目薬の製造販売を生業としつつ各種の事業の先鞭をつけ、清国に渡り国際交流に大きな足跡を残すなど、謎に満ちた波乱の生涯を資料に基づいて克明にする。

▼440頁／本体4800円

20
グリーンティーとブラックティー
中英貿易史上の中国茶
矢沢利彦著　本書は一八世紀から一九世紀後半にかけて中英貿易で取引された中国茶の物語である。当時の文献を駆使して、産地・樹種・製造法・茶の種類や運搬経路まで知られざる英国茶史の原点をあますところなく分かりやすく説明する。
▼260頁／本体3200円

21
中国茶文化と日本
布目潮渢著
近年西安西郊の法門寺地下宮殿より唐代末期の大量の美術品・茶器が出土した。文献では知られていたが唐代の皇帝が茶を愛玩していたことが証明された。長い伝統をもつ茶文化―茶器について解説し、日本への伝来と影響についても豊富な図版をもって説明する。カラー口絵4葉付
▼300頁／本体3800円

22
中国史書論攷
澤谷昭次著
先年急逝された元山口大学教授澤谷先生の遺稿約三〇篇を刊行。東大東洋文化研究所に勤務していた時「同研究所漢籍分類目録」編纂に従事した関係から漢籍書誌学に独自の境地を拓いた。また司馬遷「史記」の研究や現代中国の分析にも一家言を持つ。
▼520頁／本体5800円

23
中国史から世界史へ　谷川道雄論
奥崎裕司著　戦後日本の中国史論争は不充分なままに終息した。それは何故か。谷川氏への共感をもとに新たな世界史像を目ざす。
▼210頁／本体2500円

24
華僑・華人史研究の現在
飯島　渉編　「現状」「視座」「展望」について15人の専家が執筆する。従来の研究を整理し、今後の研究課題を展望することにより、日本の「華僑学」の構築を企図した。
▼350頁／本体2000円

25
近代中国の人物群像
――パーソナリティー研究――
波多野善大著　激動の中国近現代史を著者独自の歴代人物の実態に迫る研究方法で重要人物の内側から分析する。
▼536頁／本体5800円

26
古代中国と皇帝祭祀
金子修一著
中国歴代皇帝の祭礼を整理・分析することにより、皇帝支配による国家制度の実態に迫る。
▼340頁／本体3800円　好評再版

27
中国歴史小説研究
小松　謙著
元代以降高度な発達を遂げた小説そのものを分析しつつ、それを取り巻く環境の変化をたどり、形成過程を解明し、白話文学の体系を描き出す。
▼300頁／本体3300円

28
中国のユートピアと「均の理念」
山田勝芳著　中国学全般にわたってその特質を明らかにするキーワード、「均の理念」「太平」「ユートピア」に関わる諸問題を通時的に叙述。
▼260頁／本体3000円

29 陸賈『新語』の研究　福井重雅著
秦末漢初の学者、陸賈が著したとされる『新語』の真偽問題に焦点を当て、緻密な考証のもとに真実を追究する一書。付節では班彪『後伝』・蔡邕『独断』・漢代対策文書について述べる。
▼270頁／本体3000円

30 中国革命と日本・アジア
寺廣映雄著　前著『中国革命の史的展開』に続く第二論文集。全体は三部構成で、辛亥革命と孫文、西安事変と朝鮮独立運動、近代日本とアジアについて、著者独自の視点で分かりやすく俯瞰する。
▼250頁／本体3000円

31 老子の人と思想　楠山春樹著
『史記』老子伝をはじめとして、郭店本『老子』を比較検討しつつ、人間老子と書物『老子』を総括する。
▼200頁／本体2500円

32 中国砲艦『中山艦』の生涯
横山宏章著　長崎で誕生した中山艦の数奇な運命が、中国の激しく動いた歴史そのものを映し出す。
▼260頁／本体3000円

33 中国のアルバ―系譜の詩学
川合康三著　「作品を系譜のなかに置いてみると、よりよく理解できるように思われます」（あとがきより）。壮大な文学空間をいかに把握するかに挑む著者の意欲作六篇。
▼260頁／本体3000円

34 明治の碩学　三浦　叶著
著者が直接・間接に取材した明治文人の人となり、作品等についての聞き書きをまとめた一冊。今日では得難い明治詩話の数々である。
▼380頁／本体4300円／近刊

35 明代長城の群像　川越泰博著
明代の万里の長城は、中国とモンゴルを隔てる分水嶺であると同時に、内と外とを繋ぐアリーナ（舞台）でもあった。そこを往来する人々を描くことによって異民族・異文化の諸相を解明しようとする。
▼240頁／本体3000円

〈汲古叢書既刊〉

12 明代建文朝史の研究　川越泰博著　13000円
19 明代異国情報の研究　川越泰博著　5000円
23 明王朝中央統治機構の研究　阪倉篤秀著　7000円
27 明末の流賊反乱と地域社会　吉尾　寛著　10000円
29 明代北辺防衛体制の研究　松本隆晴著　6500円
36 明代郷村の紛争と秩序　中島楽章著　10000円
38 明清官僚制の研究　和田正広著　22000円
42 宋代中国の法制と社会　高橋芳郎著　8000円
43 中華民国期農村土地行政史の研究　笹川裕史著　8000円